基督徒英雄传记系列

埃里克·利迪尔：金牌之上

Eric Liddell: Something Greater Than Gold

珍妮特·本奇（Janet Benge）
杰夫·本奇（Geoff Benge） 著

甘霖 译

埃里克·利迪尔：金牌之上

Eric Liddell: Something Greater Than Gold

作者：珍妮特·本奇（Janet Benge），

杰夫·本奇（Geoff Benge）

翻译：甘　霖

编辑：李茹君

ISBN：978-1-965805-61-9

电子书 ISBN：978-1-965805-62-6

目　录

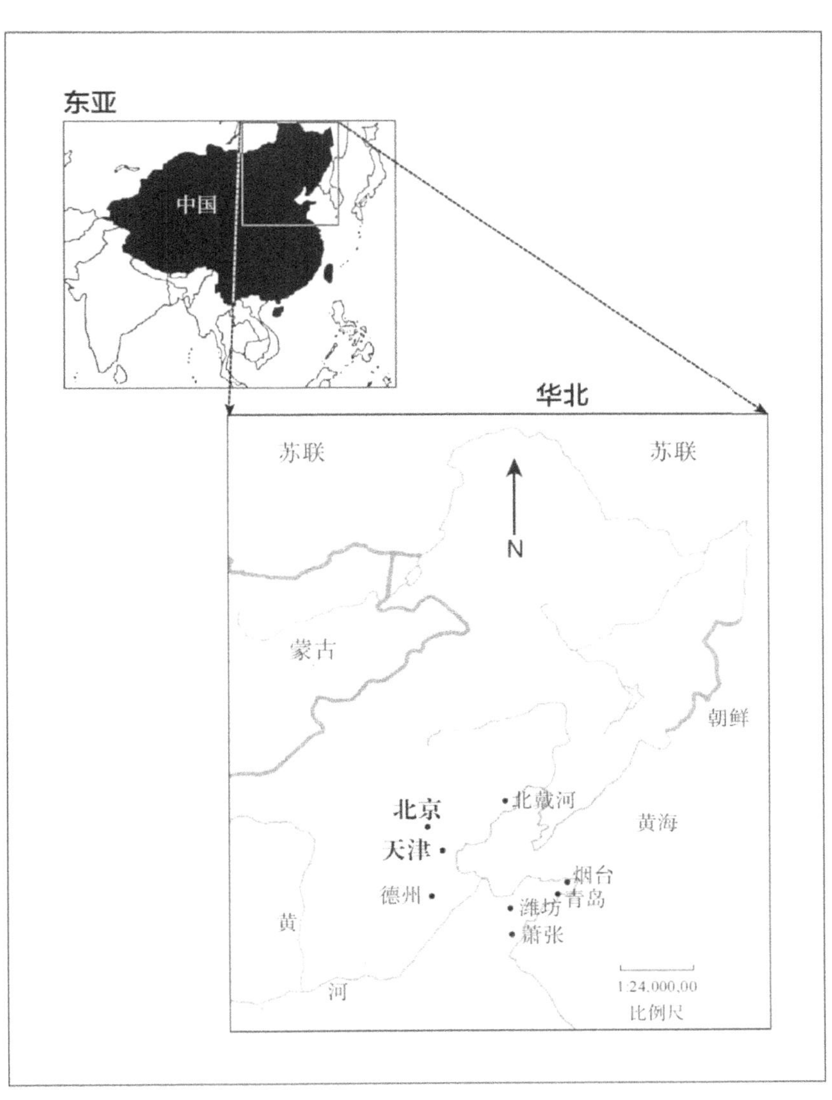

东亚
中国
华北
苏联
苏联
蒙古
朝鲜
N
北京
天津
北戴河
黄海
烟台
德州
青岛
潍坊
萧张
黄
河
1:24,000,00
比例尺

第一章　不可能的事

砰！发令枪的响声在科伦布体育场（Colombes Stadium）[1]的上空回荡。四百米跑的决赛开始了。埃里克·利迪尔（Eric Liddell）[2]纵身跃出起跑线。他那双黑色皮跑鞋上的鞋钉具有极强的抓地力，在铺满煤渣的跑道上，他每跑一步都扬起一团团灰色的烟尘。埃里克跑在最外侧的跑道，这对短跑运动员来说是最不利的位置。紧挨着埃里克的是美国人霍雷肖·菲奇（Horatio Fitch），此人在预赛中曾刷新了该项目的世界纪录，从而晋级决赛，因此是夺金的最大热门。在菲奇旁边的是瑞士选手约瑟夫·应巴赫（Joseph Imbach），他在预选赛中也打破了世界纪录。所有人都认为，金牌之争应该在菲奇和应巴赫这两人之间展开。看台上的人们高声呼喊，充满期待。

然而，当选手们冲出起跑线后沿直道飞奔而过时，暂时领先的却是埃里克。随后他们通过弯道经过半程时，埃里克依然处于领先位置，也就是说他跑完前半程仅用了 22.2 秒！众人对此

---

① 又称伊夫·迪马努瓦尔省级体育场，位于法国科隆布，译者注。
② 埃里克·利迪尔的中文名字是李爱锐，有的中译本译为李岱尔，译者注。

深感震惊。

埃里克无暇回头，一心只顾前冲。他能听到身后其他选手的钉鞋踏碎煤渣跑道发出的声音，他们正在奋力追赶他。看台上的观众惊讶地看到，另一位英国选手盖伊·布特勒（Guy Butler）仅落后埃里克三米，而菲奇也在全力逼近。

这时人们才意识到，埃里克并未如他们预期的那样退居第三或第四名。全场陷入了一片诡异的寂静，人们震惊得忘记了欢呼。懂行的人都不住摇头惊叹，哪有运动员能在四百米中全程冲刺的道理？在他们看来，埃里克显然是个只会跑百米的短跑选手，完全不懂四百米的跑法。在这样的比赛中，选手若一开始就以百米冲刺的架势开局，肯定会耗尽体力，在最后冲刺时必然后继乏力。全场观众屏息凝神，静静等待着埃里克力衰而竭的那一刻到来。

就在埃里克转过弯道时，菲奇已将差距缩小到仅有两米。埃里克甚至能感觉到对手的呼吸。观众以为菲奇即将超过埃里克，忍不住再次欢呼起来。

然而就在此时，看台上的人群突然倒吸了一口凉气。观众本以为埃里克会体力不支而减速，但他昂首猛冲，双臂如同溺水之人一般奋力摆动。紧接着，他猛然加速，甩开了菲奇。就这样，他非但没有减速，反而跑得比前半程还要快。这不可能！绝对不可能！从未有人像这样以全程冲刺的速度跑四百米，但奇迹确实发生了！人们也察觉到了这一点，立刻为埃里克发出阵阵欢呼。许多人疯狂地挥舞着英国国旗为他加油助威。

接近终点时，埃里克猛然身体前倾，最终以领先菲奇五米的优势撞线！他踉跄着又冲出数步才勉强稳住身形，最后因体力不支倒在英国队教练的怀中。躺着的埃里克大口大口地喘着粗气，仿佛要把全世界的空气都吸进去。

整个体育场爆发出雷鸣般的掌声。事后有报道称，这掌声响彻云天，甚至巴黎全城的人都能听见。埃里克做了一件不可能的事，现场观众亲眼见证了这一壮举。此刻，人们只想放声欢呼，与他同享胜利的喜悦。

几分钟后，声浪渐息，现场广播正式宣布：埃里克不仅夺得冠军，更以领先原纪录 0.2 秒的成绩创下了新的世界纪录！人群再次沸腾起来。

英国奥运代表团的成员涌入跑道将埃里克扛在肩上。他们沿跑道行进，最后来到皇家观礼台前。未来的英国国王威尔士亲王（the Prince of Wales）正站在那里，向冠军挥手致意。而埃里克则低头回礼以示尊敬。

埃里克被欢呼的人们团团围住。有人挥舞着英国国旗，有人争相与他握手，还有人不断拍打他的后背表示祝贺。埃里克虽然疲惫不堪，却激情澎湃，自豪与喜悦涌上心头。他心满意足地微笑着，心里却暗暗感叹，眼前这一幕与他童年时在中国北方沿海平原上所憧憬的一切是何等不同啊！

第二章　回家

四岁的埃里克生活得无忧无虑。他住在中国华北平原萧张县 ① 的伦敦会（London Missionary Society，又称伦敦传道会）大院。六岁的哥哥罗伯特（Robert）、三岁的妹妹珍妮（Jenny）和小埃里克在这方天地里无拘无束地玩耍。院墙内矗立着四栋大宅，还有两所学校，一所男校，一所女校，以及一座教堂。埃里克的父亲詹姆斯·利迪尔（James Liddell）在教堂讲道，母亲玛丽（Mary）则在学校教书。身为护士，玛丽还经常帮忙照料当地许多生病的孩子。

初到萧张的客人常把小埃里克错认为中国孩子。他和村里的其他孩子一样，穿着蓝色的棉袄棉裤，说起中文来更是字正腔圆。但只要他摘下帽子，那满头金发和湛蓝眼眸便暴露了他的西洋血统。"这孩子可是地道的苏格兰肤色呢！"每逢这时母亲玛丽总会一边轻抚埃里克的脑袋，一边向客人解释，随后又打发他去院子里和小伙伴们或者他养的小山羊玩耍。

小埃里克常听父母说起"美丽苏格兰"的连绵山丘，于是他

---

① 在今天的河北省衡水市枣强县境内，译者注。

总会试着在脑海中想象着那个国家的样子。母亲告诉他，苏格兰从不会像中国这样太冷或太热。中国的冬天滴水成冰，夏日的气温却能飙升到44℃，而苏格兰的气候总是温和宜人。母亲还说，苏格兰有一望无际的原野，放眼望去不见半间屋舍农庄。这让他觉得难以置信，尤其是当他爬上近两米高的伦敦会院墙时。那一刻，他放眼望去，只见萧张县四面环绕着华北平原，而平原上星罗棋布的村子里生活着上千万人，炊烟相望，鸡犬相闻。村落之间，绵延不绝的麦田与粟地织就成一片巨大的画毯。蜿蜒的泥泞溪流与古老水道纵横其间——这些延续了数百年的灌溉系统，至今仍在滋养着这片土地。小埃里克环顾四周，视线所及尽是屋舍、农田与人烟。这是他小小年纪所见过的唯一风景，要他想象出其他景色实在难如登天。

埃里克的父母早在他出生前便已来到中国。1898年，詹姆斯以宣教士的身份初抵华夏，他的未婚妻玛丽不久后便追随而至。二人于1899年在上海成婚，随即被伦敦会派往蒙古工作。然而，就在他们到达蒙古后不久，中华大地便爆发了一场可怕的暴乱——一群自称"义和团"的人在民间日益活跃，在中国人中煽动对所有外国人的仇视情绪。

义和团成员深信自己身怀异能，可以子弹不进、刀枪不入。当时，中国许多未受教育的农民对此深信不疑，因此对义和团极其惧怕。

1900年6月，义和团运动爆发。义和团成员煽动中国人起来杀光那些长期欺辱中国的外国人。他们尤其仇视外国宣教士，认为其向中国民众传播异端思想。于是，许多民众纷纷加入义和团，杀害了众多宣教士和中国基督徒。这场动乱的导火索是德国驻北京公使遇刺身亡。最终，当两万八国联军联合镇压这场暴乱时，已有两百余名宣教士和包括妇孺在内的三万多名中国基督徒惨遭屠杀。

蒙古是最早遭到义和团袭击的地区之一。当时，詹姆斯与身怀六甲的妻子玛丽匆忙逃离了当地的宣教站。除了一小箱衣物外，他们舍弃了全部家当。夫妇俩担心自己可能随时丧命，于是辗转南下数百公里来到了上海。他们在那里的伦敦会大院稍作休整后，又继续北上天津。在等待暴乱平息期间，詹姆斯又冒险返回蒙古，想看看被迫遗弃的宣教站和中国信徒们的境况。结果他发现宣教站已被夷为平地，当地的信徒也四处躲藏。显然，这片土地对宣教士而言仍然危机四伏。

詹姆斯将调查的结果汇报给伦敦会后，后者便安排他们前往华北平原中部的一个小村庄——萧张，那里设有伦敦会的固定宣教站。此时这对夫妇已育有两子。1902 年 1 月 16 日，在长子罗伯特出生十八个月后，玛丽再次迎来一个新生命——一个金发碧眼、长着双下巴和可爱酒窝的男婴。他们本打算为孩子起名为 Henry Eric Liddell（亨利·埃里克·利迪尔），但一位宣教士朋友指出，这个名字的首字母缩写是 "H. E. L."（英文 "地狱" 之意，译者注）。于是他们当即调换了名字顺序，最终为孩子取名为 "Eric Henry Liddell"（埃里克·亨利·利迪尔）。

最终，义和团运动被镇压下去。但在中国许多地方，对外国人的仇视情绪仍暗流涌动。然而萧张却是个例外。那里的基督徒们热切期盼着宣教士们归来。利迪尔一家一到伦敦会大院，就看见村口高悬着一个牌匾，上书"中外一家"四个大字。夫妇俩深知，这朴实的标语意指"中国人与外国人亲如一家人"。历经动荡后终于寻得这片安宁之地，他们心中很是欣慰。

1907 年，在中国度过九年的光阴后，伦敦会决定让詹姆斯一家返回苏格兰休假一年，或者按照官方的说法叫作休"述职假"。

"我们要回家啦！"罗伯特大喊着从屋子里冲向院子。埃里克和妹妹珍妮正在那里逗弄一窝新生的小猫崽。

"回家？"五岁的埃里克满脸疑惑。"我们不是就在家里吗？"

"才不是呢！傻瓜，是回我们另一个家——苏格兰。"比他年长几岁的哥哥答道，尽管他自己也从未踏上过那片土地。

那天下午，利迪尔一家便开始收拾行李，准备踏上归途。几天后，他们从萧张启程前往天津，再在那里乘船去上海。埃里克虽然曾随家人去过海边，却从未坐过大船。他好奇地趴在船舷边张望，直到天津城完全消失在视线之中。在上海，他们登上一艘德国蒸汽轮船，开始了从上海到英国南安普顿（Southampton）的六周漫长航程。抵达英国后，一家人又转乘火车前往伦敦。詹姆斯和玛丽向伦敦会总部详细汇报了他们在华工作的情况，随后再次登上火车，完成最后一段返回苏格兰的旅程。

当列车缓缓驶入苏格兰境内时，小埃里克瞪大了眼睛，趴在车窗上向外张望。窗外是一望无际的旷野，羊群在古堡废墟间悠闲地吃草，苍翠的山谷中散落着星星点点的小石屋。眼前的一切都让男孩惊喜不已，苏格兰和中国真的太不一样了！也完全不是他想象的那样。随着汽笛长鸣，列车终于停在罗蒙湖

（Loch Lomond）畔的德莱门（Dryman）站。詹姆斯向孩子们郑重宣布："我们到家了。"

埃里克几乎立刻就爱上了德莱门村。父母在这里租下了一栋房子，让他可以自由探索父亲儿时嬉戏过的每个角落。埃里克的爷爷在村里经营着一家杂货铺，埃里克很快便迷上了店里售卖的茴香球、什锦甘草糖和英国太妃糖。老人家还有份副业，驾着马车往返于村庄和约一英里外的火车站接送旅客、运送包裹。于是，小埃里克常常和爷爷一起神气地驾着马车前往火车站，他那居高临下的模样活像个巡视领地的小国王。

在德莱门村的述职假转瞬即逝。假期将尽时，母亲郑重地告诉两个儿子：父母不会带他们返回中国，他们应该进入正规的英国学校接受教育了。在 1908 年，宣教士在海外服侍期间，将子女送回英国寄宿学校读书是很常见的做法。

于是，六岁的埃里克紧紧拽着哥哥的衣角，跟着母亲迈上台阶，走进伦敦宣教士子弟学校阴暗的石砌行政楼。（1912 年，埃里克和罗伯特仍在这里就读时，该校更名为埃尔瑟姆学院 [Eltham College]。）这所学校是伦敦会于 1842 年创办的，正如校门口的标牌所示，当时在读的一百五十个男孩全是宣教士的孩子。若一切顺利，罗伯特和埃里克将在这里完成学业，直至升入大学。

不出一个时辰，兄弟俩便换上了和其他学生一样的服装——灰色法兰绒短裤、外套、领带和帽子。随后他们被领到宿舍，在二楼长廊般排列的帆布窄床的尽头安顿下来。每张床旁边都有一个洗手台，上面放着一个脸盆和一个水壶。兄弟俩被告知把他们的东西挂在自己床边的钩子上，然后和其他同学一起到后面的操场上上板球课。就在孩子们学习板球规则并艰难地理解"出局""没让对手得一分"和其他术语时，玛丽悄然离开了学校。谁能想到，这一别竟是数年之久。七年后埃里克和罗伯特才重新见到母亲，十三年后才见到父亲。

在中国无拘无束的童年生活与苏格兰高地的田野生活过后，埃里克难以适应伦敦这栋灰石建筑里的刻板和单调。他思念远在中国的双亲、小妹珍妮，还有他养的那些山羊与猫崽。由于年纪小又生性腼腆，埃里克总是让哥哥代替他应对一切。每当罗伯特不在身边时，若有人突然问话，他便会吓得浑身僵直，半晌说不出一个字来。

在这所学校里，埃里克和罗伯特与其他学生一样，生活中的每个细节都有专人安排和照料。用餐时，孩子们排成一排，坐在长桌前，校长全程监督他们的餐桌礼仪。兄弟俩格外怀念中国的饮食。他们实在不习惯每天早晨都吃灰扑扑的燕麦粥和干硬的面包片。埃里克常常想着，若能喝上一碗豆浆或是小米粥，那该有多好啊！

每天清晨，全体学生列队步入教室。随后教师诵读课文，孩子们鸦雀无声地端坐听讲。课后，他们又进入自习室，在整齐排列的书桌前完成作业。每逢周四傍晚，孩子们还要在学监的监督下给父母写信。对于从未受过正规教育的小孩子来说，这般严苛的作息确实难以适应。

与二十世纪初的大多数学校一样，这所学校的学生们在勤学苦读之余，还需要进行大量高强度的体育训练。体育运动绝非可有可无的消遣，而是学校生活的重要组成部分。冬季全体男生必修橄榄球，夏季则要练习板球并参加各类田径赛事。

校方如此重视体育，是为了培养英国少年恪守规则、尊崇权威的团队精神。尽管课业令埃里克兴味索然，但他在运动场上却如鱼得水。这个十岁的男孩在寄往中国的家书中曾稚气地写道："功课没意思，但我跑得可快啦！"

确实如此！利迪尔兄弟在他们参加的各项运动中都展现出过人的天赋。

学校的另一项重要活动是校园剧演出。戏剧教师对每年排演的校园剧极为重视，主角之争总是异常激烈，甚至女孩的角色也要由男生反串。有一年选定的剧目是《爱丽丝梦游仙境》。埃里克根本不想当主角，事实上，他对参演唯恐避之不及。一想到要当众表演，他就惶恐不安。最终，戏剧老师安排他饰演一只睡鼠，这个羞怯寡言的小角色简直是为埃里克量身定制的，他甚至无须假装害羞就能完美演绎！自那以后，"老鼠"这个绰号就始终跟着他，直到他十九岁离开埃尔瑟姆学院。

暑假期间，兄弟俩总会乘火车回到德莱门村与爷爷同住；若是假期较短，他们要么留校，要么去朋友家小住。

埃里克渴望融入校园生活，却总是因过分腼腆而却步。一次与邻近女校举办网球比赛，他临阵退缩了，因为他实在不知道到了女校该如何与姑娘们交谈。学校还设有自愿参加的查经班，埃里克虽然每次都去，却总是悄悄地坐在后排角落，这样万一被点名要求回答问题或发言他就能随时开溜。

校园岁月倏忽而过，年复一年却大抵相似。直到1914年，十二岁的埃里克经历了两个终生难忘的重大事件。一件是喜事，母亲又生了一个小弟弟欧内斯特（Ernest）。埃里克迫不及待想见这个小家伙，母亲答应第二年将带着欧内斯特和珍妮来伦敦小住几个星期。另一件则是一个骇人听闻的消息：一场大战在欧洲爆发，这便是日后被称为"第一次世界大战"的冲突。德国与奥匈帝国为一方，英法俄为另一方。学校里的高年级男生纷纷自愿走上战场。临行前，他们身着崭新的卡其色军装，肩挎现代李-恩菲尔德短弹匣步枪，意气风发地回到埃尔瑟姆学院辞行。

短短几周后，这些新兵中有许多人已血洒法兰德斯（Flanders）战场。和学校里的其他同学一样，埃里克越来越害怕参加每日的晨会，因为那时校方会宣读最新阵亡与负伤的校友名单。听着那些熟悉的名字被逐一念到，所有人都心如刀绞。这些将士不只是一个个名字，更是一个个活生生的人，是曾经并肩打板球、玩橄榄球的朋友，是自习室里辅导过学弟们的学长。这感觉就像接连失去兄长一般，而这种情形整整持续了四年之久。

唯有体育运动能令埃里克高兴起来。兄弟俩在赛场上展现出惊人的天赋。待到罗伯特临近高中毕业时，埃里克已成为他体育比赛中唯一的劲敌。1918年，十六岁的埃里克与十八岁的罗伯特双双成为学校的体育明星。1918年的校史档案中有关体育运动的一页是这样记载的：

越野跑、跳高、跨栏比赛冠军——罗伯特·利迪尔
跳远、100米赛跑、400米跑冠军——埃里克·利迪尔

兄弟二人参赛时，不是哥哥夺魁弟弟居亚，便是弟弟折桂哥哥紧随！更难得的是，两人均入选校队——橄榄球十五人队和板球十一人队（这两支球队都是各项目的顶尖校队）。罗伯特先是被推选为校运动队总队长，后来埃里克又接任了这个职位。

1918年，正当罗伯特考虑是否参军时，第一次世界大战结束了。于是，罗伯特没有奔赴战场，而是前往苏格兰东海岸的爱丁堡大学攻读医学专业。这是兄弟俩生平第一次离开所有家人独自生活。但埃里克的孤独感很快被忙碌冲淡了：他既要备战1919学年末几场重要的大考，又要照常参加各项体育训练。最终，这位少年在学业与运动场上双双告捷：不仅顺利通过考试，更以10.2秒的成绩刷新了100码（1码约等于0.9144米，译注）短跑的校纪录，而且这项纪录至今仍未被打破。

一年后，埃里克告别埃尔瑟姆学院，乘火车北上爱丁堡大学。这一刻他心潮澎湃——母亲即将带着十七岁的珍妮和六岁的欧内斯特返回苏格兰，全家人将在爱丁堡重聚，而父亲也会在次年归来。一家人终于要团圆了。

1921年，詹姆斯果然如期返回苏格兰。上次父子相见时埃里克才六岁，如今已长成青年。叙过别情后，父亲问他完成数学和科学学位后有什么打算。埃里克坦言自己尚未确定。然而，此时的他无论如何也想不到，自己还没有毕业就成了苏格兰家喻户晓的英雄人物。

第三章　冉冉升起的体育之星

埃里克非常享受他的大学生活。他可以自由来去，每天傍晚回家时，都有热腾腾的饭菜等着他，一家人共进晚餐。尽管课业繁忙，但他成绩优异，尤其在化学和数学方面表现突出。学习之余，他常与三五个好友相约，或来场橄榄球友谊赛，或打板球消遣一两小时。没过多久朋友们就发现，埃里克奔跑速度惊人。他的一个朋友比尔·哈维（Bill Harvey）曾练习过短跑，便当即邀请他参加大学生体育运动会。起初埃里克断然拒绝，他认为自己上大学是为求学，可不是为了在跑道上浪费光阴。但比尔正想找人实践自己的教练技巧，最终成功说服埃里克报名了100码和220码的短跑比赛项目。

尽管已经答应参赛，但埃里克可没打算让跑步打乱自己的原定计划。他和四位同学早就约好要在复活节假期来一场六天骑行——从爱丁堡出发，往返英国最高峰本尼维斯山（Ben Nevis）。他还盘算着要登上山顶观赏日出呢！但比尔极力劝阻他去旅行，因为距离比赛只剩六周的时间，而有资料显示骑自行车会拉伸对跑步不利的肌肉。埃里克不以为然，照样跨上车扬长而去。一周后待他风尘仆仆归来时，才发现比尔说得没错。

他刚起跑就感觉腿部肌肉极其僵硬，要恢复竞技状态可得费一番功夫了。

比赛前的那五周格外忙碌。比尔相当看重他的教练工作，他花了大量时间帮埃里克按摩腿部肌肉，矫正肌肉发力方式。随着比赛日期的临近，埃里克渐渐紧张起来。以往在埃尔瑟姆学院跑步时，人人都认识他，最大的竞争对手不过是他的亲哥哥，可如今要在上千陌生人面前赛跑就完全不是那么回事了！

1921 年 5 月，比赛日终于到了。经过比尔的严格训练，埃里克的身体状态已调整到位，准备迎接他在苏格兰的首场竞技。当然，埃里克并不奢望能夺冠，因为同时参加两个项目的还有苏格兰短跑名将史华特（Innes Stewart）。不过他仍然期待至少能跻身前三名。在首场 100 码短跑预选赛中，埃里克与史华特被分到了同一组。

埃里克慢跑到起跑线前，神情略显紧张。烈日当空，他用白色背心抹去额头上的汗珠，随后与其他预赛选手一同蹲在起跑线前。随着发令枪的一声巨响，选手们一跃而起，冲出起跑线。观众为史华特发出的欢呼声还未散去，比赛就已在十一秒内尘埃落定。不出所料，史华特率先冲线，但紧随其后的正是埃里克。

决赛在当天的晚些时候举行。比赛结果与上午预赛的结果差不多，但只有一点不同。这一次率先冲过终点线的竟是埃里克，而史华特屈居第二。埃里克赢得了 100 码短跑冠军！全场欢呼沸腾。

次日举行的 220 码短跑是史华特的强项。这位苏格兰飞人自信无人能敌，事实也的确如此。最终埃里克以半步之差屈居亚军！全场观众再次哗然，仿佛预见到苏格兰体坛即将升起的不是一位明星，而是两位明星。站在领奖台上的埃里克难掩自豪之情，一金一银的战绩令他欣喜若狂。当观众鼓掌欢呼时绝不会想到，他们此刻见证的竟是苏格兰田径史上空前绝后的一幕：这是埃里克最后一次在家乡的土地上获得亚军。自此之后，他在苏格兰参加的所有赛事中都所向无敌。

埃里克原以为夺冠后生活就会回归常态，就像在埃尔瑟姆学院每次比赛后那样。但他很快发现，大学里的情况有点不同。到了 1921 年 5 月，他已是全校 100 码短跑冠军和 220 码比赛的亚军，这意味着他成为爱丁堡大学在两个月后的苏格兰大学生运动会上夺牌的最大热门。尽管担心影响学业，但埃里克明白自己责无旁贷，必须为校出征。更何况，他很喜欢那种奔跑的感觉。

大学田径俱乐部认为比尔资历尚浅，不配指导他们的头号选手，随即便换上了经验丰富的优秀教练汤姆·麦克查（Tom McKerchar）。汤姆随后将埃里克带到了波德希尔运动场（Powderhill Stadium），那里还有几位苏格兰顶尖选手正在接受训练。初次来到运动场时，埃里克差点扭头就走。一群人正在做着在他看来滑稽至极的热身运动，他们像一群笨拙的芭蕾舞者般踮起脚尖原地跑着，一边疯狂地挥动着手臂，一边夸张地扭动肩膀。埃里克暗自发誓，打死也不会在众目睽睽下做这种动作。

汤姆起初是因埃里克在大学比赛中夺冠才答应执教，可当他仔细观察这位选手怪异的跑步姿势后，实在难以理解其获胜的秘诀。埃里克那套奇特的跑姿早已"声名远扬"——他会将脑袋后仰，双臂前抢，仿佛在击打前方一个看不见的沙袋。汤姆曾无数次地纠正他：目视前方，双臂在身体两侧自然摆动。但无论怎么努力，埃里克就是改不掉坏习惯。不过这位教练倒是成功说服埃里克做了"芭蕾式热身"。没过多久，埃里克赛前也会和其他选手一样踮着脚尖蹦跳热身了。

苏格兰大学生运动会如期而至。汤姆虽对埃里克的跑姿不敢恭维，却对其速度颇为满意。在 100 码决赛中，埃里克力压史华特夺冠。两人包揽冠亚军的壮举，更助爱丁堡大学荣膺"苏格兰最强田径校队"的殊荣。

在两场田径赛事中，埃里克已然证明了自己的顶尖实力。他越跑越勇，屡破纪录：100 码跑出 10.2 秒的成绩，220 码 21.8 秒的成绩更是将原纪录提升了 0.2 秒！他在 440 码比赛中创下了 52.6 秒的纪录，这一成绩远远超过苏格兰校际运动会的历史最佳成绩。此后长达 35 年的时间里，再没有人能打破这个纪录。

很快，埃里克便有了一批粉丝，他们辗转各地只为观看他的比赛。起初他感到有些难为情，但转念一想，这么多人愿意牺牲闲暇时间来为他加油，这份心意着实令人感动。

比起惊人的速度，埃里克的态度更令支持者们钦佩。尽管他渴望赢得每场比赛并为之刻苦训练，却始终以谦和的态度对待其他选手。赛前他总会与每位竞争者握手，祝愿对方取得好成绩。但他从不说"祝你好运"，因为他认为赢得比赛绝非运气使然。在他看来，精湛的技艺与刻苦训练才是制胜关键。

埃里克的体育精神还体现在诸多细节中。当时的运动员们会在起跑线后的草地或煤渣跑道上挖两个小坑，将脚趾伸进坑中以获得更好的起跑助力。埃里克总是随身带着把小铁铲，挖完自己的起跑坑后，他总会主动把铲子递给其他选手。在一次440码比赛（相当于绕跑道一圈）中，一位爱丁堡大学的队友被分到最外侧跑道，这是选手们最不喜欢的位置，因为跑道上几乎没有标记，外道选手很容易被人挤撞。于是埃里克默默与队友交换了跑道。这一举动并未影响他的发挥，他依然夺得了冠军。

每次夺冠之后都会有奖品，很快利迪尔家就面临着一个从未遇到过的烦恼：如何保管这些贵重物品。没过多久，他们在爱丁堡吉莱斯皮新月街（Gillespie Crescent）的房子里就堆满了埃里克的奖杯和奖品。除了常见的金银奖杯和碗碟，还有蛋糕架、座钟、皮质行李箱、花瓶以及多到全家每人能分三块的手表、成套餐具、钢笔、沙拉碗和银制茶具。面对满屋子的金银器皿，埃里克的母亲总担心家里遭贼，每晚都把最贵重的奖品藏到床底下。不过家里始终平安无事，而埃里克的奖品数量还在随着每场比赛的进行而不断增加。

埃里克的运动天赋远不止田径一项。凭借惊人的速度，他顺利入选爱丁堡大学橄榄球队。这是他在埃尔瑟姆学院读书期间就热爱的体育运动。他担任的是边锋，这个位置简直是为他量身定制的。橄榄球队由15名队员组成：8名前锋和7名后卫。当前锋们通过开放式争球或列阵争球用脚将球拨出后，中卫会立即抄起球，迅速传给后排的后卫线。后卫线两翼各有一名边锋，分别镇守球场左右两侧。当边锋终于得球时，他的任务就是带着球尽可能冲向对方球门线，同时躲避对手的拦截。埃里克凭借其速度的优势总能让他在得球后创造惊人的突破，从而为球队赢得宝贵的进攻位置。

埃里克在爱丁堡就读的第二年，校橄榄球队远征英格兰参加巡回赛，结果七战六捷。埃里克凭借在这些比赛中展现的卓越球技，被苏格兰国家橄榄球队选拔委员会相中，成功入选国家队。

橄榄球运动过去乃至现在始终是大英帝国人民民族自豪感的重要象征。苏格兰、威尔士、爱尔兰和英格兰的各球队之间存在着激烈角逐。1922 年，苏格兰队远征威尔士卡地夫（Cardiff）军备公园（Arms Park）球场对阵威尔士队。要知道，自 1890 年以来，苏格兰队还从未赢过威尔士队！埃里克与苏格兰队的另一位边锋莱斯利·格雷西（Leslie Gracie）成为全场焦点，他们展现出精彩绝伦的球技。当终场哨响起时，苏格兰队以 11 比 8 力克威尔士队。令人惊讶的是，比赛结束后，落败的威尔士队员竟将埃里克和莱斯利高高扛在肩上，簇拥着他们在球场游行。所有人甚至包括落败方，似乎都在向这两位球艺高超的苏格兰边锋致敬。看台上，威尔士球迷与苏格兰球迷的欢呼声交织成一片。

在田径与橄榄球的双重训练中，埃里克忙得不可开交。他本可以轻易地放下学业，却奇迹般地兼顾了所有的事务，他的成绩甚至始终名列班级前三。

1922 年，埃里克的父母结束了为期一年的述职假，带着珍妮和欧内斯特重返中国。这对埃里克兄弟俩而言相当痛苦：他们刚刚习惯"正常"的家庭生活不久，转眼却要告别温馨的生活，搬进学生宿舍。唯一让埃里克稍感宽慰的是，攻读医学学位的罗伯特毕业前还能再陪伴他一年，之后才会启程去中国。

母亲临别时的一个叮嘱令埃里克忍俊不禁。尽管当时他才二十岁，但他那头漂亮的金发已经开始后移。母亲担心再这样下去，他的前额怕是要和后脑勺的一小块秃斑连成一片了。家族里从未有人这般年纪就谢顶，于是母亲将此归咎于他参加田径赛和橄榄球赛后总爱洗热水澡的缘故。埃里克忍不住笑起来，在泥泞的橄榄球场激战一个半小时以后，难不成要顶着一身污泥回来？

埃里克不仅是全家唯一谢顶的人，更是唯一一个不愿谈论自己信仰的人。就连他的父母也摸不透他对基督教信仰的真实想法，因为他总是缄口不言。主日礼拜从不缺席，读经日日不辍，生活更是清白端正，可不知为何与人谈论神总令他浑身不自在。相反，哥哥罗伯特却是满腔热忱的基督徒。父母回到中国后没过多久，苏格兰全境便掀起了一场福音布道运动，罗伯特当即主动报名参加学生布道团。

这场福音布道运动的初衷是发动高校学子将福音传遍苏格兰全境。每逢周末和假期，学生们便前往各地教堂。他们白天穿街走巷邀人来教会，夜晚则举办布道会。这些布道会在农村地区反响颇为热烈，但在大城市却屡次遇冷。劳工阶层对一群高校学生的高谈阔论没什么兴趣，他们终日沉迷于饮酒滋事、赌博宴乐。无论学生们如何绞尽脑汁，也始终找不到向这群劳动者传福音的良策。

一群格拉斯哥大学（the University of Glasgow）的学生前往阿马代尔（Armadale）——这座横亘在格拉斯哥与爱丁堡之间的工业重镇，在当地教堂安顿下来预备传福音。很快他们也陷入了如何向劳工阶层传福音的困境。团队中有一个人叫大卫·汤姆森（David Thomson），大家都叫他"DP"。他苦思冥想之后突生妙计，阿马代尔的男人们和众多苏格兰汉子一样，也痴迷橄榄球，何不向当地人发起一场橄榄球挑战赛呢？众人闻听此言后拍手称妙，当即敲定赛期。比赛那天人头攒动，双方都拼尽全力，最终学生队险胜。这场胜利也带来另一个胜利，赛后学生们与参赛及观赛的当地汉子交了朋友，并顺势邀请他们参加晚间的布道会。

见计划成功了，DP 可谓喜忧参半：橄榄球虽能吸引许多民众，却难以遍地开花。赛事筹备耗时费力，而且总有队员在激烈对抗中受伤。然而，DP 仍觉得橄榄球是了解当地人的一个重要途径。这时他又突发灵感。他曾与罗伯特一起参加过几次宣教旅行，两人渐渐成了好友。而罗伯特是个敬虔的基督徒，他的胞弟不是别人，正是苏格兰橄榄球巨星埃里克·利迪尔！若能说服罗伯特让埃里克对阿马代尔人发表演讲，届时必定有许多人慕名前来，只为一睹这位名人的风采。

DP 越想越激动，却突然意识到这个主意有个关键疏漏——他从未听罗伯特提及这位球星是不是信徒。尽管如此，当他把计划告知同伴时，众人的热情却丝毫未减。若埃里克真是基督徒而且愿意现身说法，那么市政厅必定会被挤得水泄不通。

第二天一大早，DP 就搭便车赶往爱丁堡，直奔利迪尔兄弟的宿舍。当罗伯特开门迎客时，DP 当即表明来意。而罗伯特脸上掠过一丝古怪的神情。

"你会替我们说服他的，对吧?"DP 急切地问道。

罗伯特耸耸肩："我想你最好自己去问他。他晨跑去了，不过应该快回来了。"

于是两人坐下等着埃里克回来。DP 和罗伯特谈论着布道团在苏格兰各地的进展情况。约莫二十分钟后，房门吱呀一声开了，埃里克走了进来。他一眼就看见哥哥身边坐着一位陌生人，就当即停下做了自我介绍："你好，我是埃里克·利迪尔。"

DP 一时语塞，随即又连珠炮似地说道："你好! 我是大卫·汤姆森，大家都叫我 DP，是罗伯特的朋友，其实我们一同参加过几次布道活动。"

埃里克点了点头，接着拉过一把椅子坐下。他早听哥哥提起过这位 DP。

DP 很紧张，结结巴巴向埃里克说出自己的计划。话音刚落，埃里克陷入沉思，他用双手捂住脸，长长地叹了口气。DP 不由得紧张起来，好像自己说了什么不该说的话。

时间似乎过了许久，埃里克终于抬起头来说："好吧，我答应你。告诉我时间和地点。"

这句简单的表态如同一个转动巨门的门轴，就此改写了埃里克的人生轨迹。自此以后，他的私人生活将彻底曝光于公众视野之下。

第四章　更重要的事

1923 年 4 月 6 日，罗伯特在阿马代尔市政厅向八十位与会者介绍了自己的弟弟。当埃里克起身发表演讲时，人群中爆发出一片欢呼。他局促不安地换脚站着。这位向来不愿意成为众人焦点的年轻人一时间竟说不出话来。接着他深吸一口长气，终于开口了。他说话不像牧师讲道，也不像老师授课，而是像老友聊天一般用平和的语气娓娓道来。他谈到神如何掌管他的生活，谈到无论遭遇何事他都欣然接受，因为这都是神最好的安排。他还说神深爱着自己，也深爱着市政厅里的每一个人。最后他向台下的每一位听众表示感谢。

令埃里克始料未及的是，第二天，苏格兰各家报纸都刊登了他的照片以及他在阿马代尔演讲的全文。这位素来喜欢低调的跑者如今却比以往更加有名。

自埃里克发表了第一场基督教演讲之后，各地教会和团体的邀约便如雪片纷至。一周后，他来到了格拉斯哥郊外的拉瑟格伦（Rutherglen）市政厅。这一次，台下的听众竟多达六百人。埃里克向众人传递的仍是那份曾在阿马代尔宣讲过的质朴信仰，讲述的方式也同样真挚诚恳。

　　站在拉瑟格伦的众人面前，埃里克突然意识到，神赐给他一个恩赐，就是他的声望，他可以使用这恩赐将福音传给千万人。从那一刻起，他再也不羞于站在众人面前讲话了，反而真诚地接受所有的演讲邀约。

　　从前的埃里克不过是忙碌，但现在的他则是忙得脚不沾地。周间他埋首课堂攻读学位，周末他便奔赴田径赛场，还要在往返途中安排在聚会中发表演讲。时常有体育记者断言，埃里克如果继续这样透支心力，终将影响他在田径赛场上的表现。但只要看看他在苏格兰的比赛实况，记者的看法便不攻自破。事实上，情况似乎恰好相反，他愈是竭力宣教，脚下就愈是风驰电掣。当人们询问他为何跑得这么快时，他总是回答说，前半程他拼尽全力向前奔跑，后半程就求主帮助他跑得更快。

　　在每一个夺冠少男少女的心灵深处，都藏着一个小小的梦想，那就是有一天能摘取奥运奖牌。埃里克自然也不例外，这个梦想在他心头萦绕已久。因此，当 1924 年巴黎奥运会英国代表队选拔赛的消息传来时，他即刻渴望入选。1923 年 7 月初，选拔赛在伦敦斯坦福桥球场（Stamford Bridge）举行。一年后的 1924 年 7 月，奥运会将在巴黎举行。

　　尽管埃里克已是苏格兰最优秀的短跑选手了，但他无法自动入选英国奥运会代表队。大不列颠由英格兰、北爱尔兰、苏格兰和威尔士共同组成，每个地区都有自己优秀的运动员。唯有在斯坦福桥举行的英国锦标赛暨奥运选拔赛中于所属竞赛项目跻身前三甲者，方有资格为国出征奥运。

　　埃里克不仅如愿参加了比赛，更是再次缔造辉煌！他在预赛与决赛中连战连捷，更是在 100 码比赛中以 9.7 秒刷新了英国纪录。（这一纪录保持了三十五年之久，直至后来的彼得·雷德福 [Peter Radford] 以 0.1 秒的优势打破。）在 220 码赛场上，他跑出了 21.6 秒的个人最好成绩。比赛结束时，他荣获了哈维杯（the Harvey Cup）年度最佳运动员的殊荣，更获得了梦寐以求的奥运代表队席位——他将同时参加 100 米与 200 米短跑项目的角逐。（奥运会的田径项目采用公制计量单位，1 米比 1 码大约长 7.6 厘米。）奥运代表队名单公布后，英伦三岛的各大报纸纷纷以"英国百米夺金的最大希望"为题进行大幅报道。

接下来的周末，各大报纸又爆出更轰动的消息——埃里克创造了一个"奇迹"！而在特伦特河畔斯托克市（Stoke-on-Trent）的观众则亲眼见证了这一幕。当时他正代表苏格兰迎战爱尔兰和英格兰，参加 440 码比赛的角逐，这个距离相当于绕田径场一周。此前他几乎从未在正式比赛中跑过这个距离，本不被看好夺冠。但他抽中了内道——这是最理想的跑道。比赛前，埃里克像往常一样与每位选手握手致意，最后一位是英格兰名将吉尔利斯（J. J. Gillies），他被分在紧邻埃里克的跑道。发令枪响的那一瞬间，两人如离弦之箭般同时冲出起跑线。但转瞬之间意外便发生了。吉尔利斯为抢占有利位置，竟在起步后一秒猛然将埃里克撞倒在跑道内侧的草坪上！观众席顿时惊呼声四起。

吉尔利斯努力稳住身形继续奔跑，而埃里克却倒在草坪上。比赛对他来说已然结束了，至少他当时是这么认为的，觉得自己肯定会被取消比赛资格。可突然间，他瞥见一位裁判疯狂地挥手示意他站起来。显然，他并未被取消资格，于是他一跃而起，沿着跑道疯狂追赶其他选手们，此时他们已经领先他近二十米了。

这类比赛的胜负本就在毫厘之间，因此埃里克反超似乎绝无可能。然而不可思议的是，他竟然越跑越快！很快全场观众都起身为他欢呼，现场掌声雷动。莫非埃里克真能逆天改命？真的能！他疯狂超过了后几位选手，距终点还有约 36 米时，他已经位列第四了。他的头向后仰得比平时更甚，全力加速摆动双腿。当选手们冲入最后的直道时，他不断缩小差距，逐渐追至与领跑者并肩。紧接着他以超人般的爆发力率先冲过终点，夺得冠军！

最终埃里克筋疲力尽，瘫倒在跑道上。当他的教练和队友用担架将他抬离赛场时，全场观众起立欢呼，向新科冠军致以敬意。埃里克的这场赛事被后世奉为田径史上最伟大的 400 米传奇。

回到苏格兰的埃里克受到英雄般的礼遇，他再次让全苏格兰人为之骄傲。同胞们热切期盼着奥运会的到来，所有人都坚信这位民族英雄必将在百米赛场摘下金牌。

然而事与愿违。1924 年 4 月的一个清晨，距离巴黎奥运会开幕仅剩三个月时，埃里克收到了自己的参赛项目时间表。每个项目栏旁边都清晰标注着预赛和决赛的具体时间，而在百米短跑预赛旁赫然写着那个决定命运的词：周日。

埃里克盯着参赛表看了很长时间。周日，白纸黑字清清楚楚。百米决赛的入场券将在周日的预赛中决出，但埃里克绝不可能在那天参赛。这个决定在他心中毋庸置疑。他的教练和苏格兰田径协会早已知晓他的原则：这位短跑名将从来没有、也永远不会在主日出赛。打记事起，他就被教导主日是安息日，是虔诚敬拜神的日子。在二十余载的人生中，埃里克始终恪守这一教导。主日是属于神的，哪怕奥运金牌近在咫尺，也决不能动摇他的信念。

埃里克正式告知英国奥委会他将退出百米短跑的角逐。于是新闻媒体迅速刊登了埃里克为了信仰放弃百米奥运金牌的消息。这位曾被国民奉为英雄的"苏格兰飞人"，顷刻间遭遇汹涌的舆论反噬——民众昨日还在颂扬他的品格与速度，今日却群起攻之。有激进者甚至骂他是卖国贼，说他不配代表苏格兰出征奥运。

面对铺天盖地的诛心之论，埃里克虽然心如刀绞，但还是决定坚守底线。在他看来，主日绝不参赛是条铁律，根本无需赘言。但雪上加霜的是，赛事组委会紧接着又公布了两项接力预赛日程：4×400米与4×100米接力赛皆定于周日举行。如众人所料，埃里克再度递交了退赛声明。

英国奥委会私下与巴黎奥运组委会紧急磋商，但后者似乎对赛事的安排也无能为力。面对"若选手执意缺席，组委会恕不担责"的冷硬回应，埃里克坦然受之。既然选择了信仰，就要甘愿为此付上代价。

与此同时，英国奥委会决意另辟蹊径。他们说服埃里克转战200米与400米比赛项目，尽管这两项比赛他的夺牌希望渺茫。埃里克同意了，而奥委会同时也加大了对百米短跑选手哈罗德

（Harold Abrahams）的支持力度。这位英格兰运动员虽不及埃里克神速，此刻却成了大英军团最后的荣光。

奥运风波未平，埃里克的生活中又发生了其他事情。哥哥罗伯特刚从医学院毕业，就接受了伦敦会的差派去中国担任宣教医生。码头送别时兄弟俩依依不舍，这一别不知何时才能再次相见。

到中国后，罗伯特写信告诉埃里克，这个国家正处于水深火热之中。各方势力为争夺政权激烈厮杀，而受苦最深的总是那些面朝黄土背朝天的农民和穷苦百姓，他们亟须一切可能的帮助。埃里克读着信，当即做出决定：他要追随家人的脚踪，去中国当一名宣教士。虽然还不确定该去中国哪里，但他打算先去天津，因为那里既是他的出生地，也是父母目前的宣教驻地。在安顿期间他可以和家人住在一起。他悄悄地瞒着所有人，给天津的新学书院（Anglo-Chinese College）①写了信，询问对方是否需要理科老师或体育教练。寄出信时他就知道，至少要等好几个月才能收到回信。不过这正合他意，毕竟这期间他还有许多事情要准备。

为了让埃里克能如期参加奥运会并按时毕业，他的教授们破例允许他提前提交课程作业。但这也意味着他必须完成额外布置的功课，更不用说还要在奥运赛前坚持训练了。历经艰辛万苦，埃里克终于如愿随英国奥运代表团横渡英吉利海峡，前往

---

① 一所历史悠久的基督教教育机构，最初由伦敦会的宣教士马礼逊（Robert Morrison）于 1818 年在马六甲创立，译者注。

巴黎参赛。在船上，不少队友私下向埃里克表示，他们相当钦佩他坚持不在主日参加比赛的立场。尽管这些支持未曾公开见报，却仍让埃里克倍感温暖。

1924年7月5日星期六，巴黎烈日炎炎。这一天，第八届现代奥林匹克运动会正式拉开帷幕。奥林匹克运动会起源于公元前776年的希腊雅典，最初是为了纪念居住在奥林匹斯山上的十二主神（尤其是众神之王宙斯）而设。古代奥运会每四年举办一次，最初只有一天的赛程，项目仅限于赛跑和摔跤两项竞技。直至公元393年，罗马皇帝狄奥多西一世（Theodoseus）下令废止了这一传统。十九世纪末，法国人皮埃尔·德·顾拜旦男爵（Baron Pierre de Courbetin）以复兴奥运会为己任。他认为，现代奥运会应该邀请世界各国选派选手参赛，比赛项目也当大大丰富。这一构想广受推崇，首届现代奥运会于1896年在雅典成功举办。此后除1916年因第一次世界大战停办外，奥运会始终保持着四年一届的传统。

随着时间的推移，奥运会经历了诸多变革。1912年的瑞典斯德哥尔摩奥运会首次允许女性参赛，而1924年的巴黎奥运会则开创性地纳入了冬季项目。（当然，这些冰雪赛事并未在巴黎的酷暑中举行，而是移师法国阿尔卑斯山的霞慕尼。）

各个国家的参赛规则也不尽相同。美国政府为支持本国选手，不惜花费重金专门租用了一艘名为"美利坚号"的远洋客轮运送代表团。船上甚至铺设了一条200米软木跑道，供运动员训练使用。抵达巴黎后，美国队不仅享受着最优渥的住宿条件，更拥有充足经费，可以以高于市场价两三倍的价格支付打车费用。这导致其他国家的代表团常常一车难求，因为出租车司机们只对载运美国队员前往科伦布体育场感兴趣。许多外国选手不得不站在路边挥手拦私家车，央求车主捎他们一程去赛场参赛。

1924 年也是英国政府首次资助运动员参赛经费的年份。在此之前，每位奥运选手都需自掏腰包承担参赛的全部费用。这一政策的改变对埃里克而言可谓及时雨——若按照惯例，他根本无力筹措参赛所需的巨额开支。

开幕式上，埃里克与英国代表团的其他成员昂首步入科伦布体育场，米字旗在他们头顶随风飘扬。队员们身着蓝白相间的队服——女选手是白裙配蓝西装，男选手则是白裤搭配同款蓝西装，头戴白色草帽。御用风笛手奏响悠扬的苏格兰风笛，乐声回荡在整个体育场上空。当代表团经过法国总统和顾拜旦男爵站立观礼的主席台时，所有男选手都脱帽致意。各国代表团依次入场，最终四十五支队伍在场地中央并肩而立。有些代表团阵容庞大，仅美国队就派出四百余名参赛选手，而中国仅有两名运动员参赛，海地更是只有一人。这位孤独的海地选手既要高举国旗，又要代表整个国家。

炎炎烈日下，开幕式正式开始。随着顾拜旦男爵宣布本届奥运会开幕，礼炮轰鸣，数千只白鸽振翅高飞，五环旗在闷热的空气中冉冉升起。六万名现场观众齐声欢呼，1924 年奥运会就此拉开帷幕。

就在各代表团即将离场时，英国奥委会主席卡多根伯爵（Lord Cadogan）信步走向英国队，向全体队员表达了祝福。当他穿梭在队员中间握手致意时，突然在埃里克面前停下，高声说道："人生至要，唯有比赛。"伯爵说话时直视着埃里克，其中的深意不言自明。这个为信仰而放弃英国金牌的年轻人，注定要承受诸多非议。离场时的埃里克虽然不像入场时那般激动，却依然昂首挺胸地走出了赛场。即便贵为英国伯爵，也无权替他定义人生最重要的事。比赛绝非他生命的全部，他根本不在乎旁人如何看待自己的选择。但既已决定参赛，他便决心在接下来的比赛中全力以赴。他相信，自己付出的所有努力最终都将得到回报。

第五章　逆境突围

开幕式的第二天正值周日。这个周日注定不寻常，因为埃里克正是在这个周日决定弃赛。剑桥大学学生哈罗德与其他选手一同站上百米预赛跑道，为英国队争夺决赛资格。而此时，埃里克却不在他们中间。他正在城市另一端的苏格兰长老会发表演讲。当百米预赛的枪声响起时，埃里克正在讲台上向会众讲话。他一走出教堂，就有喜讯传来。哈罗德赢得了预赛，取得了次日决赛的入场券。

埃里克闻讯欣喜若狂，英国队摘金有望了！果不其然，次日哈罗德以 10.6 秒的惊人成绩率先冲线，于是欧洲史上首位百米奥运冠军诞生了！正在看台助威的埃里克与全场观众一起鼓掌欢呼。在颁奖仪式上，米字旗在科伦布体育场冉冉升起，《天佑吾王》（God Save the King）的旋律回荡在空中，埃里克伫立凝视，看着金牌悬挂在哈罗德的颈项上。身为同胞的他既有自豪，又有一丝难以言喻的怅惘——那个领奖台上的人本该是自己。但他对守安息日的决定毫不后悔。何况英国如愿夺金的事实，多少能让他心里好受一些。此刻他只盼着媒体能停止对他的口诛笔伐，好让他专心备战即将到来的赛事。

当晚，埃里克在卢浮宫酒店酣然入梦。翌日清晨他早早起身，以便能及时搭车赶往体育场参赛。此前已有好几位奥运选手因找不到愿意载客的出租车或私家车，最终痛失比赛资格。

埃里克顺利提前抵达赛场。他穿着英国队的田径赛服走出更衣室——宽松的白色短裤在膝间飘荡，短袖白衫更显利落。200米预赛在即，他正与同组的哈罗德一起热身，最终两人一同来到起跑线前。发令枪响的刹那，两人如离弦之箭冲出起跑线，双双晋级决赛。然而深谙田径运动的行家们却认为，无论是埃里克还是哈罗德都难以跻身决赛前三名。当时最被看好的夺冠热门是几位美国选手，人们预期他们将包揽所有奖牌。

当埃里克与哈罗德站上 200 米决赛起跑线时，他们身旁还有四名清一色的美国选手。发令枪一响，其他选手飞奔而出，而埃里克的起跑却稍显迟缓。但在最后冲刺阶段，他接连超过哈罗德和两名美国选手。尽管有另外两名美国选手率先撞线，埃里克仍为英国队摘得铜牌，而哈罗德斯最终位列第六。

200 米决赛的结果让所有人确信：美国选手无疑是本届奥运会的短跑王者，而且他们极有可能包揽其他项目的金牌，尤其是 400 米项目。不过有传言称，瑞士派出的一名 400 米强将或许能冲击奖牌。若不是盖伊·布特勒在赛前腿部受伤，英国队本也有望在该项目夺起奖牌。这位名将曾在 1920 年安特卫普奥运会斩获一枚银牌，尽管教练组已为他的伤腿缠上绷带让他勉强参赛，但剧痛让他无法采用蹲踞式起跑，只能站立出发，因此夺牌希望渺茫。同样参赛的埃里克也无人看好，400 米并非他的强项，因此没人认为他能站上领奖台。

400 米预赛在周四举行，恰逢本届奥运会开赛以来最热的一天。气温飙升至 45 摄氏度。埃里克向来不惧高温天气。和多数跑者一样，他喜欢炎热的天气，因为这能让肌肉更加柔软和灵活。但这天的热浪几乎超出了人体的极限。当天早些时候举行的万米越野赛中，38 名选手仅有 23 人到达终点，其余的人皆因中途中暑而倒下。媒体迅速将科伦布体育场冠以"蒸笼"的绰号，而这个绰号在那天显得格外贴切。

尽管无人看好，但埃里克仍拼尽全力投入比赛，最终惊险晋级决赛。更令人惊讶的是，带伤参赛的盖伊·布特勒也成功突围。然而预赛中最耀眼的当数瑞士选手应巴赫，他以 48 秒的成绩打破了 400 米短跑的世界纪录，震惊全场。正当人们为他夺冠而高声欢呼时，美国选手菲奇却在另一组预赛中以 47.8 秒的成绩再度刷新纪录！

决赛定于 7 月 11 日周五晚七点举行。由于预赛中 400 米短跑的纪录两度被刷新，观众早早便涌入体育场。下午四点左右，埃里克搭上一辆未被美国队占用的出租车前往赛场。他的口袋里揣着一张送到酒店房间的纸条，上面写着："经上说：'尊重我的，我必重看他。'[①] 愿你始终得偿所愿。"落款是一位英国队按摩师的名字。这张字条对埃里克意义非凡。纵然多数人不理解他为何拒绝在主日比赛，但终究还是有人懂得的。步入体育场时，他将手伸进口袋轻抚那张字条。无论 400 米决赛的结果如何，埃里克深知自己已经首先尊重了神，这比任何奥运奖牌都

---

① 　引自旧约圣经《撒母耳记上》2 章 30 节。

更为宝贵。

六点四十五分，六位选手已在起跑线附近踱步热身：代表美国的菲奇与康拉德·泰勒（Conrad Taylor）、瑞士的应巴赫、加拿大的戴维·约翰逊（David Johnson），以及两位英国决赛选手盖伊·布特勒和埃里克。埃里克照例与每位选手握手致意，祝愿他们取得好成绩。此时观众才注意到，他的身高仅有 1 米 75，是六人中最矮的。懂行的人都清楚，要想在 400 米赛跑中表现出色，运动员必须身材高大。埃里克或许短跑出色，但在这个项目上腿长才是绝对优势。

开赛前几分钟，选手们抽签决定跑道位置。当埃里克抽出标着数字"6"的卡片时，不禁心头一沉。这意味着他被分在最外侧的第六跑道。起跑时他将会略微领先其他选手，但随着弯道推进，这点优势会逐渐消失。更棘手的是，除非被对手反超，否则他根本无法观察到其他选手的位置。科伦布体育场的跑道比标准场地更长：它的跑道总长 500 米，因此 400 米比赛只需跑过一个弯道，而终点线就设在起跑线前 100 米处。这样的设计让外道选手的处境尤为艰难。

埃里克先用脚尖在起跑位置做好标记，又从随身的皮袋中取出小铲，挖出两个小坑作为蹬踏点。这时，一阵熟悉的苏格兰风笛声悠然传来。他抬眼望去，看见御用风笛手们正环绕内场行进，奏响传统的苏格兰民歌《坎贝尔家族来了》（The Campbells Are Coming）。埃里克微笑着向他们挥手致意，将铲子放回皮袋里递给教练。作为决赛中唯一的苏格兰选手，他明白这悠扬的旋律正是为自己而奏。

1924 年，埃里克力克霍雷肖·菲奇夺得巴黎奥运会
400 米跑金牌。

埃里克在 1924 年巴黎奥运会上。

风笛声渐歇，所有选手们被唤至起跑线前。埃里克屈身蹲下，不禁向采用站立式起跑的盖伊·布特勒投去敬佩的目光。当全场屏息等待发令枪响时，他能感觉到自己的每块肌肉都绷得紧紧的。

枪声响起的刹那，埃里克猛然冲出。他昂首后仰，摆出那标志性的奇特跑姿。在煤渣跑道上，他的双脚如急鼓般叩击着地面，在最后直道冲刺中不断加速。转过弯道时，选手们通常会在这里挤作一团，他本以为会看到菲奇和应巴赫遥遥领先的身影，却不见二人踪影。接着他将头仰得更高，双腿仿佛受意志驱使般再度加速起来。

不到一分钟的时间，比赛就尘埃落定！埃里克率先冲过终点线，逆势夺魁！

他精疲力竭地瘫倒在英国队教练怀中，几分钟后才意识到自己不仅夺冠，更是以 47.6 秒的成绩打破了 400 米短跑的世界纪录，将菲奇预赛创造的成绩提高了 0.2 秒。菲奇本人则屈居亚军，而盖伊·布特勒竟奇迹般力克其他三名对手，为英国队再添一枚铜牌。

稍事休息后，埃里克登上最高领奖台，金牌自然垂落在他胸前。他的右侧站着银牌得主菲奇，左侧则是铜牌获得者盖伊·布特勒。在他们头顶，米字旗在旗杆顶端迎风飘扬，其下依次是美国星条旗与另一面英国国旗。当另两位选手也戴上奖牌后，乐队奏响英国国歌《天佑吾王》。埃里克脸上洋溢着灿烂的笑容。英国队再次收获金牌，而且是一枚意料之外的金牌。四周看台上，人们的欢呼声响彻云霄。

颁奖礼过后，埃里克悄然离开喧嚣的人群，独自走向更衣室。他迅速冲浴更衣，迫不及待想要返回酒店。主日他还要在苏格兰长老会教会再次证道，需要时间精心准备讲章。

第二天是周六，一大早埃里克夺冠的欢呼声尚未在巴黎消散，便已响彻苏格兰全境。那些曾因他拒绝主日出战百米短跑而大加抨击的媒体，此刻却争相用最华丽的辞藻赞美他。《苏格兰人报》（*The Scotsman*）写道："这无疑是本届奥运会上最激动人心的胜利，所有观众都发出狂热的欢呼。"《爱丁堡晚报》（*Evening News*）描述道："当利迪尔冲过终点线投入英国队友怀抱时，看台沸腾了，人群疯狂呐喊，数不清的米字旗如变魔术般在欢呼的观众头顶挥舞。"另一家苏格兰媒体《公报》（*Bulletin*）更宣称，埃里克·利迪尔的胜利是"迄今为止奥运会上最伟大的成就"。

读着这些报道，埃里克只觉得好笑。前日他还被斥为苏格兰的懦夫与叛徒，今朝竟被奉为民族英雄。

当他在巴黎观看余下的赛事时，有个念头始终萦绕心头：当苏格兰人得知他们的体坛巨星即将购买一张前往中国的单程票时，会作何反应？到那时，报纸又将如何评说？

第六章　民族英雄

列车缓缓驶入维多利亚车站，埃里克正望向车窗外。1924年英国奥运代表团的成员们即将分别，各奔东西。而他也即将返回爱丁堡，参加下周六的大学毕业典礼。火车徐徐进站时，月台上的人群沿着车厢一路小跑，挨个窗口向里张望。

"他在这儿！"一个少年发现埃里克后大喊道。

很快，埃里克所在的车厢外便围满了激动的人群。人们开始有节奏地高喊："我们要见埃里克！我们要见埃里克！"当埃里克小心翼翼地打开车门时，欢呼声如潮水般向他涌来。几个壮汉从人群中挤上前去，还没等他反应过来便一把将他扛在肩膀上。人群疯狂地欢呼起来，簇拥着埃里克在月台上游行。

喧嚣终于平息下来，随后埃里克动身去一个朋友家借宿。次日清晨，他启程前往爱丁堡。但这一路并不轻松。无论走到哪里，人们总会认出他来。孩子们会争相请他签名，老人们则更愿意与他握手或者拍拍他的背。尽管埃里克生性腼腆，但他并不介意得到许多人的关注。他深知，自己赢得的奖牌属于大英帝国的全体民众。而此刻，他们正用这种方式表达祝贺。不过，当他最终踏进爱丁堡的家门时，还是如释重负地松了口气。

那个周六，埃里克披上宽帽黑袍，准备接受科学学士学位。（苏格兰的大学毕业生不戴四方帽，而是佩戴垂布，这与多数国家不同。）他在麦克尤恩厅（McEwan Hall）的前排按姓氏首字母顺序就座，静听副校长阿尔弗雷德·尤因爵士（Sir Alfred Ewing）的毕业致辞。毕业生们一个个上台领取学位证书，观众的掌声此起彼伏。轮到"L"姓时，先是 G. H. 兰伯特，接着是 F. M. 莱蒙特，最后念到 E. H. 利迪尔……

埃里克起身时，麦克尤恩厅内的所有人也随之站起来。他沿着台阶走上台，台下一片欢呼与掌声。尤因爵士抬手示意众人安静，却无人理会。于是欢呼声、掌声和跺脚的声音持续了好几分钟，众人才好不容易安静下来。这时，副校长才开始了简短致辞。而这份致辞甚至比想象中更短："利迪尔先生，你已向世人证明——除了考官，没人能够超过你。"尤因爵士话音刚落，雷鸣般的掌声便再度响起。

整整一分钟后，人们才再次安静下来。尤因爵士继续说道，古希腊奥运冠军向来有被授予用野橄榄叶编成的花冠的传统。他说着便从讲台下取出一个花冠："虽然苏格兰找不到希腊野橄榄叶，但皇家植物园的首席园丁向我保证，这是能找到的最接近的品种。"话音未落，他已庄重地将花冠戴在埃里克头上。此时，台上的希腊语教授上前一步，开始朗诵为埃里克的胜利特作的诗歌。尽管古希腊语的诗句埃里克大多听不懂，但它听起来依然令人震撼！

最终，埃里克接过科学学士学位证书。他向观众席微笑挥手，随后走下台阶。直到他重新落座，经久不息的掌声才渐渐平息，毕业典礼才得以继续。

典礼过后，众人本应步行前往宏伟的圣吉尔斯大教堂（St. Giles Cathedral）做礼拜。埃里克原打算与大家同行，却未能如愿。尤因爵士刚致完谢辞，同学们便涌向埃里克。还未等他反应过来，大家已将他按在一张特制的轿椅上。椅身两侧钉着抬杆，正好能让众人扛在肩头游行。在一片欢呼声中，众人抬着这把"凯旋椅"穿过人群，扛着埃里克走下麦克尤恩厅的台阶，直奔大教堂。

当同学们终于将埃里克放在大教堂前的台阶上时，他仍戴着那顶花冠。突然，从大学一路追随而来的人群安静下来，他们似乎在等待他说点什么。

那一刻，埃里克想起了那些为英国拼尽全力却未能摘金的队友们。思绪翻涌间，他想起不知在何处读到过的一句话，便开口向人群说道："或因失败受辱，或因胜利得冠，若是尽力而为，就配得到荣耀。"随后他花了几分钟阐释了这句话的深意，提醒众人：假如你已经为某件事倾尽全力，就当为自己感到骄傲。

大教堂的聚会开始了，埃里克坐在台下听证道。他原本以为仪式结束后一切喧嚣便会平息下来，没想到同学们为他准备了更大的惊喜。聚会刚一结束，他便被同学簇拥着穿过长廊，走出两扇厚重的木门。阳光倾泻而下的瞬间，一辆马车静静地出现在眼前。

埃里克还没反应过来，就已被众人拥进马车里，身旁正是尤因爵士。马车沿着皇家英里大道，一直驶向爱丁堡的主干道王

1924 年 7 月 19 日星期六，埃里克·利迪尔在伦敦斯坦福桥举行的大英帝国对美利坚合众国的（接力赛）比赛上。

子街（Princes Street）。大量民众聚集在沿途，纷纷向这位本土的体育英雄致敬。埃里克微笑着挥手回应。最终，马车停在副校长宅邸前。这里正在为他设摆庆功宴。

这完美的一天结束后，埃里克满心激动地写信给父母和哥哥罗伯特。他多么希望他们能亲眼见证这一切。既然未能如愿，他便寄去一大堆关于自己在巴黎奥运会上战绩的剪报。

然而庆祝活动远未结束。在接下来的一周里，每天都有为他举办的招待会和晚宴。正当埃里克感到应接不暇时，他又登上了前往伦敦的火车。在斯坦福桥球场，他将代表大英帝国迎战美国队。这是奥运会前就已经安排好的赛事，美国队特意在回国途中在伦敦停留参赛。当火车隆隆驶向伦敦时，埃里克几乎难以置信，奥运会落幕才短短八天，他的生活就已经发生了天翻地覆的变化。

埃里克将担任大英帝国队 4 × 400 米接力的最后一棒（压轴选手）。而美国队的压轴人选不是别人，正是霍雷肖·菲奇——这位在巴黎奥运会 400 米决赛中败给埃里克的劲敌。现场观众无不屏息以待，埃里克能否再次战胜菲奇？答案很快就会揭晓。

当选手们转过弯道即将交接最后一棒时，美国队明显胜券在握。埃里克接过队友传来的接力棒时，已落后菲奇整整七米。他猛然仰首，双臂剧烈摆动，用他那标志性的奇特跑姿向前飞奔，速度越来越快。转过第一个弯道时，他已逐渐追上菲奇；进入直道时，两人几乎齐头并进。但在第二个弯道处，菲奇勉强守住微弱的优势，将埃里克死死挡在身后。然而就在他们通过最后直道开始终点冲刺时，面对埃里克的挑战，菲奇竟再无招架之力。最终埃里克以四米优势率先撞线，全场观众顿时沸腾一片。

当埃里克重返苏格兰时，他最新的胜利消息早已家喻户晓。为他举办的庆功宴比以往任何时候都要多，此刻的他无疑是苏格兰最耀眼的体育明星。

回到爱丁堡一周后，埃里克又参加了一场为他举办的晚宴，他特意邀请自己的启蒙教练汤姆·麦克查同行。致辞时，他动情地讲述道，当年自己刚出高中还是个愣头青运动员，麦克查给了他很多指导与鼓励。话音落下，掌声雷动。麦克查起身鞠躬致意后落座，众人以为埃里克发言结束。但掌声渐息后，他依然肃立，神情凝重。全场观众不禁面面相觑，这位奥运冠军难道还有什么话要说吗？

埃里克清了清嗓子，缓缓开口说道："在我坐下之前，我还有一件事要告诉大家。奥运夺金为国争光的经历固然美好，但自打年幼时起，我便一直在寻求另一个奖赏。诸位须知，我们的人生赛场远比巴黎奥运会的赛场更广阔，而这场比赛要等到神颁发奖赏那天方见分晓。我一直想成为一名宣教士，我刚刚得到消息，我已获中国天津的新学书院聘为化学教师。从现在起，我会全力准备赴任。"

全场鸦雀无声。人们目瞪口呆地望着埃里克，半晌才意识到他这番话意味着什么。苏格兰最伟大的运动员竟要放弃田径事业远赴中国！不出几个小时，这则重磅消息就会传遍全国的大街小巷。

埃里克庆幸终于公开了自己的决定。既然所有人都知道了，他便能专心筹备中国之行了。尽管他期待在书院教授化学学科并担任体育教练，但他更渴望在向学生分享信仰。为了更有效地实现这一目标，他觉得自己需要接受一些额外的培训。经与天津新学书院进一步协商，他们决定让他在苏格兰多留一年，以便在爱丁堡公理会神学院进修神学。

当然，以埃里克的性格，学业不可能占用他的全部时间。在这一年里，他见缝插针地完成了几次大型巡回演讲。他好几次到达英格兰，所到之处无不人潮涌动。他还去了德国，在英国陆军仍占领的莱茵兰地区（一战时攻占）发表演讲。

无论埃里克做了什么，慈善长跑或是休闲橄榄球赛，都会登上第二天的报纸头条。关于他的一切，哪怕再微不足道，似乎都值得报道。全苏格兰的读者都很渴望了解他的一举一动。爱尔莎·麦基尼奇（Elsa McKechnie）就是其中一个。这位十四岁的少女对埃里克的动态很感兴趣，每晚都会仔细翻阅报纸，搜寻关于他的新消息。在爱丁堡乔治·沃森女子学校（George Watson Ladies College），她总与同学们热烈讨论着埃里克的近况。学校里几乎每个女生都和爱尔莎一样关注他。毕竟，这位本土英雄还是位风度翩翩的年轻男子。

一天，爱尔莎突发灵感，为何不成立一个埃里克·利迪尔粉丝俱乐部呢？她与乔治·沃森女子学院的同学们商议后，众人一致赞成。埃尔莎迅速拟定了会规：申请者需要通过关于埃里克生活细节的测试考核，而测试合格者可在俱乐部剪贴簿上撰写献诗或感言。作为回报，每位成员将获赠埃里克的签名照一张，并承诺将其置于家中的显著位置展示。

爱尔莎致信埃里克告知对方关于粉丝俱乐部的计划，并询问他是否愿意将其作为埃里克的官方粉丝俱乐部。她甚至大胆邀请埃里克来家中赴宴。收到来信后，埃里克当即回信，不仅准许她成立这个唯一的官方粉丝俱乐部，更欣然接受了晚餐邀约。

用餐时，爱尔莎激动得几乎说不出话，但她关注着埃里克的一举一动，并努力记住他所说的每一个字，以便在次日紧急召集的俱乐部特别会议上向粉丝们汇报。晚餐结束后，埃里克告辞离去，爱尔莎竟将他用过的茶杯里剩余的茶水一饮而尽，又把杯底的茶叶仔细擦干，珍藏于信封之中。这包茶叶从此成了她最珍贵的物品之一。埃里克对苏格兰少女们的影响就是这么大！

时光飞逝，转眼间埃里克在公理会神学院的进修已告结束。他开始打点行装准备奔赴中国。报纸开始倒计时，静候 7 月 13 日的到来。有家报纸甚至刊登了一幅漫画：埃里克身着黑色短裤和牧师服，正在赛道上奔跑！许多苏格兰人理解了他远行的选择，并竭力以各种方式表达支持。在格拉斯哥汉普顿公园举行的苏格兰业余田径协会锦标赛上，埃里克完成了职业生涯中最后一场正式比赛。当听闻他将参加 100 码、220 码和 440 码三项角逐时，一万两千名观众到场助威。埃里克没有让粉丝失望，他包揽三金，完美谢幕。

埃里克的粉丝们不仅前来观看他在苏格兰的最后一场比赛，更蜂拥至各教堂聆听他的演讲。有时教堂人满为患，不得不将近千名听众拒之门外。启程之日近了，整个苏格兰几乎没人不知道他要去哪里及为何要去。正如当年从巴黎奥运会载誉归来时那样，人们又为他安排了一场又一场的饯行午宴与晚宴。而埃里克始终谦和赴约，从不拒绝。

1925 年 7 月 13 日，星期一，离别的日子终于到来。下午五点，埃里克提起行李箱，最后一次看了看自己的房间。朋友们已经安排好送他去威弗利车站，却没有向他透露具体细节。当他推开房门踏入温暖的暮色中时，眼前的景象令他瞠目结舌。一辆马车出现在眼前，与一年前载他从圣吉尔斯大教堂赴副校长晚宴的那辆颇为相似。但这辆马车有明显不同：拉车的并非两匹马，而是由两队学生好友亲自拉行，他们手持辕杆，准备一路护送他到车站。

在众人的欢呼声与口哨声中，埃里克登上马车，送行的人群随即启程。两队人马拉着马车驶过希望台（Hope Terrace），沿克拉克街转入尼科尔森大街，过桥直达火车站。沿途挤满了前来送行的民众，他们要与这位苏格兰最负盛名、最受爱戴的运动员道别。有人见埃里克经过时甚至感动落泪，还有人则高声吹哨、奋力挥手。人群涌向前方，争相目睹英雄最后的风采，交通一度陷入瘫痪。被堵的司机们非但不生气，反而鸣笛致意，甚至为能见证这场为致敬埃里克而引发的交通拥堵而倍感荣幸。

马车终于抵达车站，埃里克依依不舍地向众人道别。没人知道什么时候能再次见到他。很多人都想与他握手，祝福他一切顺利，但他实在无法一一道别。

当列车进站时，人们唱起赞美诗，埃里克也随着众人唱起来。他一边唱着歌，一边登上火车，找了个位子坐下，随后推开窗户向大家挥手告别。他心知肚明，这不仅是在向爱丁堡的挚友与生活告别，更是在向身为民族英雄、街头巷尾无人不识的往昔岁月告别。从此刻起，他将成为那片动荡而陌生的土地上的一个异乡人。

埃里克·利迪尔：金牌之上

开窗户向大家挥手告别。他心知肚明，这不仅是在向爱丁堡的

第七章 战乱之地

埃里克在开往伦敦的火车里安坐下来。随着火车哐当作响地前行，他开始翻阅随身携带的信件。他特意重读了父亲写给自己的几封家书，上面提到了抵达天津后的注意事项。这些信件字字沉重，讲述着1925年的中国所面临的巨大危机。

父亲在信中写道，自从五岁的埃里克离开中国后的十八年间，战争与革命的浪潮已席卷了整个国家。1911年，统治中国长达二百六十七年的清政府轰然覆灭。随着帝制的终结，中华民国宣告成立，新政府也随之组建。但这个新生政权内部派系林立、动荡不安。于是，正如中国历史上许多政权式微的时期一样，各地军阀纷纷拥兵自立，割据一方。多年来，这些地方军阀与各方政治势力为争夺中国的控制权陷入了激烈的混战。

父亲还说，这场权力角逐中主要有三股势力：其一是盘踞各地的地方军阀；其二是自称"国民党"的民族主义者；还有新近崛起的共产党，他们效仿俄国布尔什维克通过武力夺取俄国政权并将其改造成苏联的革命模式。其中国民党的势力最为庞大，实力也最雄厚，其主要支持力量来自城市阶层。它虽被国际社会公认为中国的合法政府，但其实际控制范围却极为有限。共产党虽规模尚小却发展迅速，主要以中国南方的农村地区为根据地。连年战火纷飞，导致大部分中国人贫困交加，苦不堪言。

除战乱以外，中国面临的另一大敌是外国列强的入侵。在1839 至 1842 年的第一次鸦片战争中，中华民族就曾蒙受英国之辱。当时中国物产丰饶，英国商人趋之若鹜，但清政府只愿接受白银交易。当英方企图用鸦片替代白银支付货款时，道光皇帝断然拒绝，并下令销毁所有鸦片。这一举动激怒了英国人，随即挑起战端。清军节节败退，最终被迫签订不平等条约。这份条约不仅使鸦片贸易合法化，更开放多个沿海口岸供外国人居住和通商。这个丧权辱国的条约让华夏子民既深感国力衰微，又积郁难平。

在清政府衰落后，邻国日本看到了扩张的大好机会，在1894 年发动了中日甲午战争。在这期间，中国不仅完全失去了对台湾的控制，也丧失了对朝鲜半岛的大部分影响力。

1914 年，清王朝灭亡三年后，第一次世界大战在欧洲爆发。中国最终选择加入协约国阵营（英国、法国和俄国），对抗德国及奥匈帝国。中国参战的本意是希望借此获得国际社会的正视，待战争结束后能成为一个真正的主权国家。然而事与愿违。在正式结束一战的《凡尔赛条约》签署时，协约国对中国的诉求置若罔闻。这个以参战为代价要求列强撤出国土、让中国独立自主的国家，最终未能换来应有的尊严。

中国人民对这样的结果愤慨至极，深感被协约国出卖了。战前积压的排外情绪此刻更如野火般蔓延开来。在国人眼中，那些金发碧眼的外国人连同他们的行事方式已成为民族屈辱的象征。

二十三岁的埃里克即将重返的正是这样一个中国。父亲在信中明确告诫他：儿时那些能与中国孩子嬉戏玩闹的岁月已一去不返，如今他去中国人家里不仅会吃闭门羹，甚至有可能遭遇生命危险。尽管前途未卜，但埃里克决心已定。他深信这是神的呼召，为此他甘愿承受在中国可能遭遇的一切。

埃里克幼年离开中国时，往返英伦的唯一途径是乘船。而今到了 1925 年，西伯利亚大铁路已横贯莫斯科、跨越乌拉尔山脉、穿越西伯利亚，直抵太平洋沿岸的海参崴（Vladivostok）。在西伯利亚东部，一条支线从主干道分出，向南延伸进入中国境内。此时，从荷兰海牙启程可以乘火车经欧亚大陆直达中国天津，埃里克选择的正是这条路线。他从伦敦乘船抵达荷兰后转乘火车，两周后，这列火车已奔驰在中国的土地上。

不过，埃里克并未直接前往天津。列车途经海边小镇北戴河时，他的家人们早已在此等候多时。当时他们正好都在那儿度假，便觉得让埃里克一起待六个星期也不错，之后他可以再去天津准备新学年的工作。

暮色渐沉时，火车终于在北戴河站停靠。埃里克刚踏上月台，就被迎候已久的家人团团围住。再次见到父母、珍妮、欧内斯特和罗伯特，他欣喜万分。而见到罗伯特的新婚妻子更是令他格外高兴。

那天晚上，全家促膝长谈直至深夜，彼此分享着上次离别后发生的种种。他们尤其迫不及待地想要知道埃里克在奥运赛场上夺金的传奇经历。

不过，詹姆斯有一件事特意留到第二天才说。翌日清晨，几杯热茶过后，他透露给儿子一个消息：新学年开学在即，新学书院竟然没有一个学生到校，全校五百名学生全部罢课了！

事件的导火索始于一家上海的日资棉纺厂。当时厂方无故开除数名中国工人，于是厂里其他的中国工人当即罢工表示抗议，以声援同胞。上海学生为支持工人发起游行示威活动，最终却演变成一场悲剧。驻守英租界的殖民地警察竟向中国学生和罢工工人开火，造成示威者一死多伤。

这起事件被称为"五卅惨案"，消息迅速传遍中国各地。华东沿海各地的学生和工人纷纷发起罢工，而外国侨民众多的天津自然成为这场罢工运动的重要目标。新学书院是天津首批停课的学校之一。这所学校的三十名教师中有五人来自英国，且以英语授课，所以学生们以在此就读为耻。很快，学生们集体罢课离校，书院也不得不提前结束学年。

接下来的几天里，埃里克陆续结识了书院的其他英国籍教员，他们此时都在北戴河避暑。各宣教机构在此地几乎都设有度假别墅。在野餐和网球赛的间隙，教师们时常聚集在一起议论时局。最终他们达成共识，九月份照常开学，静观中国学生们是否返校报到。

埃里克儿时说得一口流利中文，现在却已经忘得差不多了。他在北戴河期间重新开始学习汉语，很快就想起了越来越多的中文词汇和句子。

令人意外的是，在北戴河度假的宣教士他多半都认识。其中有不少人在伦敦停留期间曾去埃尔瑟姆学院探望过自己的儿子，还有些人回英国述职期间曾到爱丁堡拜访过他。事实上，这里只有一户人家是他素未谋面的——来自加拿大的麦肯齐（the McKenzies）一家，他们有一对名叫弗洛伦斯（Florence）和玛格丽特（Margaret）的姐妹花。

在北戴河与家人共度了六周的美好时光后，埃里克再次登上列车，踏上前往天津的最后一段旅程。他需要提前备课，万一有学生决定返校上课呢？除詹姆斯外，家里其他人都选择在北戴河多住些时日，而詹姆斯则陪同儿子一起返回了天津。

埃里克第一次透过车窗看到这座他出生的城市。街头熙熙攘攘，人头攒动，烟火味十足。整座城市仿佛都在移动：自行车、黄包车、有轨电车、行人和汽车，都在狭窄的柏油路上争道而行。

在天津火车站外，詹姆斯雇了两辆黄包车。车夫利落地将行李箱捆在车后，搀扶父子二人入座。在回家途中，詹姆斯特意让车夫绕道经过码头。

天津虽地处海河上游，距黄海近五十公里之遥，却是连接内陆的繁华大港，为百里之外的内陆城市北京提供着航运服务。码头的景象吸引了埃里克。在绵延数里的泊位上，从河运驳船卸下的货物五花八门、应有尽有。

码头周边密密麻麻挤满了工人栖身的棚户区。埃里克虽见过伦敦和爱丁堡拥挤的民宅，却从未见过如此景象。这些勉强称为"房屋"的建筑不过是些东倒西歪的窝棚，密密麻麻地挤作一团，连穿行其间都很困难。

黄包车继续前行。在穿过一道警察岗哨时，父亲高声提醒埃里克，他们已进入法租界。这意味着这里归法国巡警管辖，执行的是法国法律而非中国法律。刚一进入租界，脏乱的贫民窟骤然消失，取而代之的是坐落在林荫大道两旁的白色洋楼，其中游泳池、网球场等设施一应俱全。由于某些早已无人记得的原因，在 1925 年，伦敦会宣教士的住宅全都坐落在法租界内。按照詹姆斯的指示，黄包车车夫在"伦敦会 6 号"停了下来。

埃里克下车时不禁吹了声口哨，他望着这栋四层高的豪宅感叹道："父亲，您这宅子可真够气派的！"

"我们原来住的可比这小多了，但伦敦会听说你要来同住，非要我们搬进这幢大得离谱的宅子。"父亲操着浓重的苏格兰口音说。"不过嘛，就冲你母亲那股好客劲儿，这儿很快就会塞满人的！"

埃里克会心一笑。他明白父亲的意思，母亲总爱邀人来家里吃饭或者小住几日。"没错，这房子保准物尽其用。"他一边帮父亲提行李箱，一边应道。

宅子内部与外观同样令人惊叹。一楼是厨房、餐厅和父亲的书房，客厅设在二楼，所有卧室与浴室则位于三楼。虽然有两间空置的卧室可供选择，埃里克却沿着楼梯继续向上走。顶楼都是储物用的阁楼间，每个房间的天花板都是倾斜的。他信步来到一间阁楼的窗前，从那里可以俯瞰后院的网球场。他环顾四周，看着那些需要挪走的箱子说道："这儿正合我意。"

很快埃里克就把箱子搬走，并在新房间安顿好了行李。行李箱里多半是宗教和科学类的书籍。

他迫不及待想看看新学书院。次日清晨，他便直奔学校。站在大门外，他凝视着那座宏伟的灰色砖石建筑。早听说这所学校被誉为"中国的伊顿公学"（这个称呼源于英国一所著名的私立学府），此刻望着眼前的景象，埃里克顿时明白了这个称呼的由来。这分明是座英式学府，却坐落在一座中国城市的中心位置！他推开铁门，踏着鹅卵石小路走向宽阔的石阶，阶梯两侧整齐排列着各式盆栽。他登上台阶，按响了门铃。一位操着流利英语的中国女士迅速打开门。埃里克向她做了自我介绍，并询问是否有教职员工在校。女士请他稍候。片刻之后，校长来到门口。"鄙人赫立德（Lavington Hart）博士，请进。"他声音洪亮地说道，同时与埃里克握手。

"在下埃里克·利迪尔，幸会。"埃里克握手时回应道。

"不如先带你参观校园如何？想必你也想看看自己将要教书的地方。"赫立德博士一面微笑地拍了拍他的后背，一面示意他再次来到室外。

赫立德博士首先带埃里克参观了学校的操场。途中，他解释了自己二十三年前创办这所学校的初衷："当初来到中国时，我发现所有宣教士都专注于向最贫困的阶层传福音。这固然可贵，但似乎无人顾及那些权贵阶层——政客、律师、医生和大学教授们。他们同样需要福音。我逐渐意识到，将来引领中国未来的方向的正是这些富庶显赫之人。于是我开始思考，倘若这些未来的领袖中能有一些是基督徒，会如何呢？就这样，我为中国的权贵子弟创办了这所学校。许多学生毕业后都成了基督徒。

他们进入国内外高等学府深造，如今已在中国各地身居要职。"

　　埃里克点头应道："是啊，我在伦敦埃尔瑟姆学院读书时，就有几位毕业生来找我们聊过。"

　　"那你应该清楚我们培养出来的人有多优秀了！体育运动可是很重要的一方面。"赫立德博士一面说着，一面领他在大楼后面拐了个弯来到操场。"不瞒你说，我们是华北地区首个开设体育课程的学校。真该让你看看学校初创时的情形，现在回想很有趣，但当年可真是举步维艰。"

　　"这是为何？"埃里克顿时来了兴致，但凡与体育相关的话题他都有兴趣。

　　赫立德博士解释道："中国人向来缺乏群体运动的观念，因此他们对体育精神一无所知。如果一支球队自觉没有胜算，便会直接弃赛；如果天上飘几滴雨，孩子们会争相躲雨，就好像会被雨水融化似的；要是有队员不慎受伤，全体队员都会觉得受了冒犯，当即退场抗议。裁判需要苦口婆心劝说双方遵守规则不说，最头疼的是，这些孩子死活不肯穿运动服。"

　　"那他们穿什么运动？"埃里克问。

　　"就穿他们平时穿的那身蓝布长袍，袍子的下摆直拖到地上，男生们动不动就被它绊倒。"

　　"现在还这么穿吗？"埃里克接着问。

　　赫立德博士苦笑道："不幸的是，确实如此。在体育教育方面，我们还有很长的路要走。"

　　埃里克点点头。赫立德博士让他想起埃尔瑟姆学院的老校长。他们二人都坚信，一个男孩在运动场上的表现，往往预示着他将如何面对人生的赛场。

接着校长又带埃里克参观了教室。这时埃里克得到了一个好消息和一个坏消息。好消息是他可以用英文授课，尽管学生全是中国人；坏消息是他还得兼教英语课和化学课。英语本就是他最头疼的科目，一想到要教中国学生英语语法和莎士比亚戏剧，他更是兴致索然。不过他转念一想，现在操心为时过早，毕竟新学期能否招到学生还是未知数。罢课风潮仍未平息，一切只能静观其变。

第八章　苏格兰飞人

暑假的剩余时光转瞬即逝，新的学年即将开始。随着开学日的临近，埃里克才真切地意识到肩头责任之重。他一向喜欢跟孩子们相处——在全校大会上向孩子们讲话，周六下午与邻居家的男孩打橄榄球，甚至和粉丝俱乐部的小创始人喝下午茶。但教书育人可没这么简单。他开始怀疑自己能否管得住整个教室的男生。这些父母将孩子送进新学书院，是为了让孩子接受中国最优质的教育。自己真的能够担此重任吗？但愿如此。

开学第一天，埃里克便早早到校，在紧闭的大门外等候。随着其他教师陆陆续续地到达，校工终于打开大门。众人忐忑不安地等待着，看是否有学生会不顾罢课前来上学。渐渐地，三三两两的男生开始出现了。他们有的步行而来，但大多数人是乘坐着由自家司机驾驶的凯迪拉克、劳斯莱斯和戴姆勒轿车来的。所有男生都穿着统一样式的藏青色中式长袍，下摆垂至脚面。一想到他们要穿着这身行头打网球或踢足球，埃里克不禁莞尔。最终，到了上午九点，共有一百五十名学生到校。虽然远不及平日四百人的规模，但郝立德博士仍按响了上课铃，师生们鱼贯进入礼拜堂，开始了新学期的第一次晨祷聚会。

眼前的一切让埃里克想起了自己在埃尔瑟姆学院的时光。教师们端坐前排，而男生们则按年级顺序在后面就座。众人先齐唱两首赞美诗，接着校长选了一段经文进行简短的分享。对许多新生而言，这是他们第一次接触基督教的教导。男孩们安静地聆听着。短讲之后众人又唱了两首圣诗，聚会便告结束。

这之后，埃里克被介绍给二十名男生，他将担任他们的"舍监导师"。这意味着，无论学生在校内还是校外遇到问题都可以寻求他的帮助。这群男生在学校的四年期间，都会一直由他负责照管。

接下来的一周里，大多数罢课的学生陆续返回学校，校园生活逐渐恢复了"常态"。随着全体学生的返校，埃里克负责照管的男生人数从二十人增加到了三十八人。

埃里克很快发现，自己先前对教学的担心纯属多余。他不仅能够轻松驾驭课堂气氛和节奏，甚至开始期待每天的授课时光。没过多久，他就成为晨祷中最受欢迎的讲员。他的许多讲话内容都取材于学生们在校期间的日常见闻。

就像在苏格兰时一样，埃里克总能把道理讲得既浅显又有趣。有一天，他向学生们讲解英文单词"sincere"（真诚）的词源。他说这个词由两部分组成："sine"意为"无"，"cere"意为"蜡"。他解释道，古时候雕塑家在完成雕塑作品后，会在底座刻上"Sine cere"的字样，以确保自己的雕像没有任何需要用蜡掩饰的瑕疵。埃里克告诉孩子们，基督徒的生活就该如此——不掩饰自己性格的弱点或过错，而要活得真诚坦荡。这番教导显然触动了不少学生。多年后，当他回苏格兰休假时，一位昔日学生写信给他，来信结尾赫然写着："您无蜡的学生敬上。"

埃里克开始每周为他所照管的男生们组织课后查经班。他没有将查经安排在学校，而是邀请所有男孩到自己家做客，这样他们既能认识他的家人，又能品尝母亲亲手准备的美味点心。虽然这群学生中只有三人来自基督徒家庭，但却有十七人报名参加了这个查经班。（有些孩子因住得太远而无法参加课后活动。）

埃里克的书房在卧室旁边的阁楼，这个私密的空间渐渐成了孩子们敞开心扉的地方——许多男孩开始认真探讨基督教信仰的真谛。而当埃里克曾是奥运冠军的消息在学校传开后，男孩们的问题变得更多了：一个在本国享有如此"殊荣"的人，为何要远渡重洋来异国他乡教化学呢？

经过几个月的查经，几个男孩主动找到埃里克询问能否受洗。埃里克在确认他们真正理解这一决定的意义后，逐一拜访了这些孩子的家长解释情况。他原本担心家长们会因孩子信仰基督教而震怒，但家长们的反应却着实令人惊讶——父母们纷纷表示，自从孩子参加查经班后，他们变得更快乐、更懂事，因此全力支持孩子成为基督徒。最终，埃里克联系了当地教堂，为这些男孩举行了洗礼仪式。

埃里克的查经班进展极其顺利，但他在学校的体育训练却困难重重。事实上，他在运动场上常常被这群男孩搞得哭笑不得。某天，他宣布要在体育课上教他们打橄榄球，结果却演变成了一场灾难。当埃里克穿着标志性的运动装（白色短裤和 T 恤）

出现在操场时，男孩们顿时哄堂大笑。原来他们从未见过白人裸露的膝盖！埃里克不禁扶额叹息，要教会一群穿长袍的男孩打橄榄球简直荒谬至极，但他别无选择。

训练从一开始就状况百出。男孩们叫苦不迭，而埃里克内心也不得不承认他们的抱怨事出有因。这个操场是露天的，在刮风的日子里，狂风卷起细密的沙土，直往孩子们的眼睛和嘴里灌。每到这时，所有人很快就被沙土裹成了泥人。更糟糕的是，这片场地不是酷热难当就是寒风刺骨。天津的冬夏温差超过摄氏五六十度，有时连埃里克自己都觉得户外活动实在煎熬。

至于橄榄球的技术动作——擒抱、司克兰、拉克对抗，男孩们穿着长袍根本没法施展。他们不是被自己的袍子绊倒，就是踩到别人的衣角。每当擒抱和拉克对抗时，他们总会死死揪住旁边人的袍子不撒手。结果往往是长袍"刺啦"一声裂开，羞红了脸的男孩便慌慌张张逃下场，发誓再也不碰这见鬼的运动了。

经过一年多的努力，埃里克总算说服男孩们换上了和他一样的宽松短裤和运动衫。可新的问题又来了。没了长袍的缓冲，孩子们每次被擒抱或摔倒时，就得结结实实地摔倒在硬土地上。淤青的膝盖、擦破的手肘成了家常便饭。这群少年实在想不通为何要受这份罪，就为把那颗球从场地这头折腾到那头。但埃里克没有放弃他的学生，也没有放弃体育运动。和郝立德博士一样，他坚信体育运动能教会男孩们重要的人生哲理。只不过，他偶尔也会暗自期盼：要是能找到几个像他一样痴迷运动的人该多好。

好在天津是一座高度国际化的都市。鸦片战争后，列强纷纷在华划定租界。而埃里克就住在法租界中。当时像这样的租界在天津竟然有三十个之多（其中多属欧洲国家）。每一处租界都由本国军队驻守，境内施行该国的法律和习俗。这些租界位于天津老城厢东南，华人须持正式的邀请函与身份证件方可进入。

这些租界的存在使得天津成了一座令人着迷的异域拼图之城。海河右岸矗立着英、法、日租界，对岸则是俄、比、意租界。每处租界的建筑都仿照宗主国的风格而建。漫步天津街头，你可能会在维多利亚道[①]恍若置身伦敦，在葛公使道[②]误以为到了巴黎，拐进伊曼纽尔三世路[③]又仿佛来到罗马。

对埃里克而言，幸运的是，驻守各国租界的军队相互之间经常举行体育比赛。他加入了英租界橄榄球队，很快便成为赛场上最快的王牌边锋。重新驰骋橄榄球场的生活给他带来了久违的酣畅淋漓。

埃里克始终认为，若能有个像样的运动场，学生们或许会爱上体育。他四处打听天津市内是否有现成的体育场——或许在那三所大学中的一所，或许在某所男子中学里——好带学生们去训练，结果却一无所获。与郝立德博士商议后，埃里克获准筹建一座新的体育场。他迅速组建了筹备委员会，并在海河边上找到了一大片尚未开垦的荒地，随即着手制定项目规划书。他一直很喜欢伦敦的斯坦福桥球场，因此决心以它为设计的范

---

① 现解放北路营口道至开封道一段，译者注。
② 现滨江道，译者注。
③ 现建国道，译者注。

本。最终落成的民园体育场 [4] 不仅堪称华北之冠，放眼整个亚洲亦属罕见。当埃里克作为首批参赛者步入这座体育场时，自豪与激动之情油然而生。

1927 年，这座新落成的体育场迎来了它的首场盛会——一年一度的国际田径运动会。埃里克参加了比赛，这是他生命中第一次有全家人在场边温暖守望。哥哥罗伯特特意骑着摩托车从乡下的宣教站长途跋涉赶来天津，只为亲眼见证弟弟的赛场英姿。

比赛当天酷热难当，很像三年前他在巴黎夺冠那天的天气。除了家人，埃里克的许多朋友、学生以及天津七大报纸的记者和摄影师们悉数到场。摄影师们个个摩拳擦掌，都想抓拍到他奔跑的英姿，以便抢占次日报纸的头版位置。有位摄影师甚至急不可待，发令枪一响就冲上跑道，准备抢拍选手最后冲刺的风采。观众见此情景纷纷倒吸一口凉气，可全速冲刺的埃里克正仰着他那标志性的脑袋，哪里看得到前方的人影？而摄影师也低估了这位飞人的速度，就在他调整镜头准备拍摄"完美瞬间"时，砰的一声！两人迎头相撞。只见摄影师整个人被撞飞了出去，三脚架和相机则在空中划出另一道抛物线。

相撞后，埃里克倒在跑道上不省人事。罗伯特从看台上飞奔而下救助弟弟。最终埃里克苏醒过来，跟跄着离开了跑道。他一面走，一面朝那位摄影师咧嘴一笑，挥手致意。他已原谅了这个让自己在新赛场首秀失利的不速之客。

---

④ 现已改造为民园广场，译者注。

第二年，继荷兰阿姆斯特丹奥运会后，天津又举办了一场田径赛事。尽管埃里克仍健步如飞，却未获邀请入选英国奥运代表队。他始终不解其中的原因，或许在世人眼里，远赴中国的他早已将跑步抛诸脑后。

无论如何，埃里克用行动做出了回应。在 1928 年南满运动会（the South Manchurian Games）上，他跑出了 200 米 21.8 秒、400 米 47.8 秒的惊人成绩，双双超越了阿姆斯特丹奥运会冠军纪录，向世界证明自己仍是顶尖选手。但真正让他难以忘怀的却是比赛之后的一场非正式的较量。

当时埃里克准备从满洲乘船返回天津，但从比赛地到码头只有三十分钟的时间。他急中生智，在开赛前十五分钟叫来出租车装好行李，让司机在终点线附近等待。这样等比赛一结束，他就能在冲过终点后直接跑进出租车，然后无缝衔接地赶往码头。若一切顺利，或许还能赶上末班船。

埃里克轻松夺冠，却漏算了一着。他刚一冲过终点线，乐队便奏响《天佑吾王》向他致敬。这位英国绅士只得猛然刹住脚步，立正聆听国歌。待最后一个音符结束后，他立刻冲向出租车，眼看就要上车时，乐队却又奏起法国国歌《马赛曲》，原来亚军是位法国选手。埃里克只得再次驻足，毕竟此时离开实在不太礼貌。站在离车仅几步之遥的地方，他暗自祈祷乐队能演奏得再快些，可每分每秒都好像被拉长了似的。

最后，埃里克终于挤进了出租车，车子立刻在人群中左穿右突，终于急刹在码头。埃里克抬头望去，心头一沉，轮船已离开码头大约五米的距离。他不死心地冲出车门奔向码头边，希望船长能看到自己，让船调头。可船上无人注意到他。就在此时，一个浪头突然间将船推到离岸边仅两三米的地方。埃里克瞅准时机，先将行李甩上甲板，继而纵身一跃——整个人凌空飞渡，最终背部着地重重摔在了船板上。甲板上的乘客们被这突如其来的一幕惊得目瞪口呆，纷纷围上前去，打听这位"天外来客"的身份和伤势。而目睹全过程的报社记者拔腿就跑，急着赶回去撰写这条爆炸性新闻。翌日清早的头条赫然写着："苏格兰飞人横跨 4.7 米。"从此，埃里克多了一个伴随终生的响亮名号——"苏格兰飞人"。

报道正文详细记述了埃里克在南满运动会的夺冠佳绩。文章犀利指出，这位世界顶级的 400 米短跑运动员本该在阿姆斯特丹参与角逐金牌之争，却选择留在天津教导一群中国少年。

第九章 只欠东风

❝我们利迪尔家的人好像总在道别啊。"埃里克苦笑着对哥哥罗伯特说。

罗伯特点点头:"确实如此。不过父亲这些年太操劳了,最近我总担心他的身体。他们能休假两年反倒是件好事。"

埃里克勉强挤出一丝笑容。他试图说服自己这是好事,但他没有罗伯特那么乐观。哥哥如今已经有了自己的小家,有妻女的陪伴。而埃里克仍与父母同住,因此格外珍惜与弟弟妹妹相处的时光。想到再不能与家人促膝长谈,他心中怅然若失。当年在英国求学时,他总觉得与家人疏远,直到在爱丁堡重聚时情况才稍有好转。但自从来到中国,他竟在异国他乡重新认识了至亲。正因如此,此时的离别对他而言才显得格外锥心。

埃里克和罗伯特伫立在码头上,目送父母带着珍妮和欧内斯特踏上德国邮轮"萨尔布吕肯号"(Saarbracken)的舷梯。当轮船缓缓驶离码头时,兄弟二人拼命向亲人挥手告别。望着逐渐消失在海平线上的轮船,埃里克只得紧紧抓住此刻唯一能让他略感宽慰的念头:再过一年,他也将返回苏格兰休假,那时就可以在爱丁堡与父母团聚了!

家人们大多返回苏格兰后，埃里克只得搬离居住了四年的伦敦会 6 号寓所。随后他搬进了一套四居室的公寓，与新学书院另外三位教师成了室友。公寓的客厅宽敞明亮，四人共同雇了一位名叫桂林的中国佣人，她负责日常采买、打扫卫生和做饭。新室友各有所长：一位总在钻研新鲜事物，令埃里克获益匪浅；另一位是邮票收藏大家，很快带动他也开始集起邮来；第三位则精于台球，主动教他打法。这位室友恐怕怎么也没想到，埃里克天资过人，没过多久便技高一筹，不仅胜过老师，更是打遍天津台球界无敌手。在集邮、打台球与校务之外的闲暇时间里，埃里克还在基督教合众会堂（the Union Church）做主日学校长。

尽管终日忙碌，但因为没有父母在身边，埃里克仍感到孤独。二十七岁的他生平第一次开始认真考虑结婚生子。虽然尚无明确的结婚对象，但他渐渐被一位特别的姑娘吸引，弗洛伦丝·麦肯齐，大家都叫她"弗洛"。埃里克初到中国时，弗洛正随父母在北戴河避暑。她身材娇小，褐色眼眸如星闪烁，黑色卷发长及腰间。这位教堂管风琴师不仅是个虔诚的基督徒，更爱说笑玩闹，常搞些无伤大雅的恶作剧。埃里克很喜欢与她相处。

但只有一个问题比较棘手。弗洛年仅十七岁，还是天津英国文法学校（Tientsin Grammar School）[1]的高三学生。埃里克得想个两全其美的法子，既能拉近与她的距离，又不至惹来闲话，

---

[1]　现为天津市第二十中学，译者注。

让人看出他在追求未成年少女。他苦思冥想后终于想出一个办法，何不尝试结识整个毕业班的学生？于是他常常邀请那所学校的毕业生们到起士林咖啡馆喝下午茶或者结伴踏青郊游。每逢这些时候，埃里克就找机会与弗洛在一起。他表面上一视同仁，对所有学生都亲切有加，可他心底对弗洛的爱慕却随着每次相见愈发滋长。

最终，埃里克认定弗洛就是自己愿意共度一生的人。可难题接踵而至，生性腼腆的他始终开不了口。他既怕遭她拒绝，更担心她虽然同意但她父母反对。他实在不知道该怎么办，只得继续邀请整个毕业班的学生去起士林咖啡馆喝茶。

暑假来临，埃里克与室友们照例前往北戴河避暑。当得知麦肯齐一家（包括弗洛）也去北戴河，而且就住在相隔两栋的海滨别墅时，他自然喜出望外。这个夏天，埃里克成了出游活动的总策划师。他组织了攀登附近背牛顶的四日徒步活动、海滨网球赛、沙滩野餐会、剧本朗读会……凡是能创造二人相处机会的活动无所不包。三位室友很快就发现，无论埃里克策划什么活动，总会"恰好"让弗洛知道。

在这期间，埃里克对弗洛有了更多地了解。她告诉他秋天就要回到家乡多伦多接受为期四年的护士培训。学成归来时，她将二十一岁，计划在中国的一家医院工作。听到这里，埃里克心跳加速。十七岁的少女固然不能婚嫁，但二十一岁的姑娘呢？那正是女子婚配的最佳年龄。

回到天津后，埃里克终于向弗洛求婚。姑娘起初只当是玩笑，毕竟眼前这位可是奥运冠军埃里克·利迪尔，而自己不过是个刚毕业的高中生。"您当真考虑清楚了吗?"她轻声问道。

"是的，千真万确。"他快速答道。

对弗洛而言，埃里克的求婚就像梦想变为现实一样，她几乎不假思索就欣然应允。她的父母也高兴地为这对恋人送上祝福。不久以后，埃里克便给母亲写信，托她在苏格兰购置一枚五钻订婚戒指寄来中国。戒指恰好在弗洛一家启程回加拿大前送达。埃里克为弗洛戴上戒指后，开始了为期四年的订婚期。二人约定，待弗洛完成护士学业之后即刻完婚。

弗洛离开后，埃里克开始预备返回苏格兰休假一年。一如往常，他规划满满。他决心用这一年时间进修，成为苏格兰公理会（Scottish Congregational church）的按立牧师。如此一来，他在教书之余便可从事更"传统"的宣教工作，如治理教会、为新信徒施洗。他还打算在往返中国的旅途中，特意绕道多伦多去探望弗洛。然而让他没有想到的是，苏格兰人民也为他重返故乡做好了计划。距离埃里克上次夺得金牌已过去七年，其间又经历了一届奥运会，他本以为苏格兰早已无人记得自己，但这回他可想错了!

与弗洛在加拿大的短暂相聚匆匆结束后，埃里克再度登船，穿越大西洋驶向不列颠群岛。当轮船终于抵达爱丁堡时，他受到了苏格兰人民的热烈欢迎。这位奥运英雄非但没有被众人遗忘，反而比当年更受追捧。苏格兰多位著名牧师与体育名流为他筹办了盛大的欢迎会。全国各地的邀约纷至沓来，不是请他出席荣誉晚宴，就是邀他发表演讲。这种阵势着实让埃里克始料未及。

邀约很快就多到让埃里克应接不暇。他生怕因疏忽遗漏了哪一个邀请，因为他向来不愿让别人失望。几周后，他所在的神学院专门成立了一个"埃里克·利迪尔事务委员会"，代为安排行程。这让他如释重负，如此他便在平时就能有更多的时间专注学业，周末则按照委员会的安排前往各处演讲。虽然在公开场合发言仍会紧张，但他逐渐意识到，这恰恰是让民众了解中国宣教事工需要的绝佳机会。

这些活动的地点远不止于苏格兰境内。埃里克还前往英格兰与爱尔兰发表演讲。凡所到之处，这位"苏格兰飞人"皆受到了英雄般的礼遇。连许多平日从不踏足教堂的人，也专程赶来听他发言。

重返爱丁堡与家人同住的时光令埃里克倍感欢欣。他与众多老友重聚。六年前在阿马代尔为他安排首场演说的 D. P. 汤姆森，如今陪他辗转各地集会。爱尔莎·麦基尼奇一家也欣然接待了他。爱尔莎仍是他官方粉丝俱乐部的主席，这些年间始终与他保持书信往来，这番重逢令她喜不自胜。尽管是在休假，但埃里克每周都要出席两三场聚会，而他最自在的仍是与爱尔莎这样的老友促膝长谈。每当面对台下黑压压的听众，他总试着将他们看作一个个独立的生命个体，而非一个模糊的整体。

埃里克总是真切关怀着他遇到的每一个人，正是这种态度使他有别于许多其他名人。某次到访一间大型教会时，牧师请他在来宾簿上签名。埃里克欣然提笔，落款后还在一旁写下一个中文词。

"这是什么意思？"牧师好奇地问道。

"中文的'笑口常开'"。埃里克笑答。

牧师会心一笑："真巧，我们教会有位姊妹也总爱用这样的话签名，不过是英文写的。待会儿我一定会拿去给她看看。"

埃里克点点头。

"说起来这位姊妹实在命途多舛，"牧师轻叹了一口气。"她五年前出了一场严重的事故，从那以后她就一直在医院里进进出出。"

"她怎么了？"埃里克问道。

"几乎体无完肤。她因为事故头皮被撕裂，一只眼睛失明。医生给她做了植皮手术，但疼痛难忍。现在她几乎又聋又瞎，还经常头痛。可这'笑口常开'却是她常常劝勉众人的话。"牧师回答。

"不知我能不能去探望她？"埃里克询问道。

牧师闻言一怔："您愿意亲自探望她？我想不出还有什么能比这更让她高兴的了！"

就这样，埃里克走进了贝拉·蒙哥马利（Bella Montgomery）的那间小砖房。两人畅谈一小时，其乐融融。她那乐观豁达的人生态度令埃里克惊讶不已。临别后，贝拉写了一封信感谢埃里克的探访，信件恰在埃里克即将赴伦敦演讲前送达。他将信笺塞进外套的口袋里，准备在火车上细细品读。

登上火车后，埃里克独自坐在包厢里。他先将行李放在行李架上，随后拿出贝拉的来信准备细读，读着读着嘴角不觉泛起笑意。信中虽然有一些语法和拼写的错误，字里行间却情真意切——贝拉讲述了自己如何在一切的苦难中发现耶稣基督是最好的朋友。读罢，他将信笺仔细折好，重新塞进口袋。

到了下一站，上来一位年轻人，进了埃里克所在的包厢。埃里克一眼就看出来人满脸愁云。列车哐当哐当地驶过田野，年轻人把自己的遭遇一股脑儿倒了出来：工作丢了，女友跑了，家人干脆把他当成彻头彻尾的废物。他说自己看不到活下去的理由，甚至问埃里克自杀是不是能结束一切痛苦。

起初，埃里克不知该如何开导这位青年，但后来他意识到言语或许是多余的。他将手伸进外套口袋，取出贝拉的信笺递给对方："不妨看看这个。"

"没用的……"年轻人双手抱头回答说。

"就一页纸，读读吧。"

埃里克温润的嗓音好像有魔力一样，年轻人终于接过信。待他读完，埃里克又讲述了贝拉的一些经历以及她是如何将苦难视作机遇的。当列车抵达伦敦时，年轻人的状态已经好多了。贝拉的信给了他极大的鼓舞。他不再提及轻生，转而畅想起伦敦生活的种种可能。

在休假期间，埃里克原本已经决定不参加任何比赛，毕竟时间实在有限。但造访母校伦敦的埃尔瑟姆学院时，他破了例。所有学生都知道学校里最负盛名的"老学长"。行政楼的墙上挂满了他与哥哥罗伯特当年为校争光的运动奖牌。当受邀为一年一度的校运会颁奖时，埃里克欣然应允。可学生们哪会满足于此？他们非要这位传奇人物在"主场跑道"上一展身手。经不住孩子们的软磨硬泡，埃里克终是站上了220码赛道的起跑线，和学校里最优秀的运动员一较高下。他穿着便鞋，悠闲地走向起跑线，外套随意搭在臂弯，全然不像一个严阵以待的选手。然而，就在发令枪响的刹那，奇迹重现了。只见他如离弦之箭掠过跑道，将校队精英远远甩在身后。学生们吹响口哨、热烈鼓掌，向这位昔日的同窗冠军致敬。

在不列颠群岛期间，总有人询问埃里克对中国时局有何看法。会爆发战争吗？最终会鹿死谁手？这些问题很难回答。苏格兰与天津远隔重洋，而中国局势瞬息万变，有时就连他也难以判断。蒋介石带领的国民党与共产党军队正在华北战场激烈交火。烽火所至，村庄被焚毁，家园遭劫掠，庄稼尽毁。

1931 年，日本趁中国国力羸弱之际，悍然入侵东北满洲。起初，新学书院的同僚来信告诉埃里克天津尚算平静，生活一切如常。然而假期过半时，他陆续收到的信件陆续证实了报纸的最新消息。日军愈发肆无忌惮，甚至轰炸了中国最繁忙的上海港。日本军舰与战机轮番轰击，将城区的大部分夷为平地。虽经英国调停，战事暂歇，但中国前景依然晦暗不明。共产党、国民党与日本三方拉锯，胜负难料。而家乡人的追问反倒让埃里克归心似箭，在那片土地上还有很多宣教工作要做呢！

假期临近尾声时，利迪尔家喜气盈门。珍妮与查尔斯·萨默维尔（Charles Somerville）医生即将成婚。埃里克出席了婚礼，刚从海外休假归来的罗伯特一家也如约而至。全家人团聚的温馨让这场婚礼更添圆满。

1932 年 6 月，利迪尔家再添喜事。埃里克通过考核，正式被按立为苏格兰公理会牧师，现在成了"埃里克·利迪尔牧师"。然而这份圣职也意味着他该回中国了。再度告别双亲令他黯然神伤，尤其是得知父亲收到伦敦会的退休通知：因健康欠佳，老利迪尔夫妇将无法按计划返华。整装之际，埃里克安慰自己说，至少在某种程度上，他可以接替父亲在中国的工作。

启程返华时，埃里克感到既遗憾又兴奋。与亲人告别固然伤感，但想到即将在多伦多与弗洛重逢，他的心头又涌起无限的期待。

第十章 终于在一起

埃里克与弗洛及其家人在多伦多共度了六周的时光。时间过得很快，他不仅向弗洛细细描述了珍妮婚礼的盛况，二人还一同为将来在天津的婚礼做了一些前期的预备。他们约定，待 1934 年 3 月弗洛完成护士培训返华后，便立即举行婚礼。

1932 年 9 月，埃里克回到天津，预备迎接新学期的到来。他重新接手了过去的工作：一群男生的舍监导师以及合众堂主日学校长。此外，他又添了几重新的身份——书院秘书及体育委员会主席。如今身为按立牧师的他，不仅频频出入各个教会讲道，更坚持每周给双亲写一封长信，因他们不再回中国，总盼望知道他的近况以及故交的消息。最重要的是，他仍是一名需要备课阅卷的教师。但埃里克乐此不疲，这些额外的差事能让他在等弗洛归来的时候打发时间。

就这样，一切都很顺利。但 1933 年 11 月的一封电报打破了埃里克平静的生活，父亲前日猝然离世。埃里克悲伤不已，却又无可奈何。他与哥哥罗伯特远在地球另一端，但在母亲最需要陪伴的时候，兄弟俩却连奔丧都赶不及。詹姆斯去世的消息传开后，许多宣教士与中国友人纷纷前来慰唁。父亲在天津及周边地区影响深远，而今埃里克更坚定了继承父志的决心。

此后的几个星期里，埃里克常常想起珍妮的婚礼。当时没有人知道，那竟是利迪尔一家最后的团圆。虽然他与罗伯特无法陪伴母亲，但想到有珍妮和欧内斯特在旁照料他稍感宽慰。父亲离世后不久，埃里克在给母亲的信中写道："珍妮的花园很快就要再次开花了。母亲，您一定要去那儿住几天，尤其是在这个季节。所幸我刚休过假与您相聚，如今我闭上眼睛就能清晰想见家中的情景，好像看到您的一举一动一样。"

父亲离世的消息固然令埃里克悲痛消沉，但弗洛与母亲正乘坐"加拿大皇后号"（Empress of Canada）驶向中国大沽港口 [①] 的喜讯却让埃里克重新振作起来。他迫不及待地等着弗洛的到来。这对恋人终于要团聚了。这艘船经停夏威夷与日本，预计 1934 年 3 月 1 日前后抵达中国。弗洛来信告知埃里克，她将从日本发电报告诉他抵达大沽的确切日期。

埃里克忙得不可开交。三位室友都已经赴外地任职，公寓里只剩他一个人。这栋公寓的所有者新学书院已准许他与弗洛结婚后在此安家。于是他开始着手将公寓改造成新婚爱巢。他重新粉刷了墙面，或买或借新的家具，又将厨房彻底擦洗一新。万事俱备，只待佳人归来。虽与弗洛分别仅十八个月，但于他而言却恍若隔世。

终于盼到弗洛抵达大沽的日子。她的父亲数月前就已经回到中国，此刻正与埃里克一同从天津乘火车到了大沽港，车程约

---

① 现属天津市滨海新区，译者注。

一小时。不料他们刚到码头，便听到一个坏消息——因黄海风浪大作，轮船被迫延误。

二人不得不在大沽的朋友家中借宿一夜。第二天他们又去码头接船，岂料又生变故，狂风依旧肆虐海面。透过雾蒙蒙的浪花，埃里克隐约看见"加拿大皇后号"渐渐出现在远处的地平线上。巨浪拍打着船身，巨轮如落叶般颠簸起伏。虽然船已近在咫尺，可港务长却通知他们最新延误的消息。轮船需要三十厘米的水深才能安全进港，但现在正值退潮，又有大风，船只能暂泊外海，待风平浪静或下次涨潮时再尝试进港。

埃里克与麦肯齐先生有些沮丧，只好折返友人家。他们前脚刚进门，后脚便传来最新的消息：风浪肆虐过猛，船长已决意冒险进港。

待他们赶回码头时，"加拿大皇后号"已经与泊位呈平行状态。拖轮正将巨轮缓缓牵引靠岸，不料一阵狂风大作，船尾突然朝码头猛甩过去。围观的人们倒抽一口凉气，纷纷捂耳闭眼，生怕听到船体与码头相撞的金属破裂声。万幸的是，这并没有发生。拖轮拼命拽紧船尾的缆绳，船慢慢地直了过来。最后，码头工人争相接住船上抛下的缆索，将其牢牢系在岸桩上。舷梯刚一架稳，埃里克便焦灼地望向出口，等待恋人的身影出现。

终于，弗洛出现在人群中。埃里克咧嘴一笑，快步冲向舷梯尽头迎接。两人终于在一起了，千言万语竟不知从何说起——是聊弗洛的护士考试？还是她横渡太平洋的航程？抑或她数月前专程赴苏格兰探望埃里克母亲的旅程？再不然就是新房墙面的配色？恋人相见，总有说不完的话题。直至次日凌晨五点，

1934 年 3 月 27 日，埃里克和夫人弗洛在天津英租界戈登道合众会堂的结婚照。

他们才在奔赴天津的火车汽笛声中暂歇絮语。

三周后，即 1934 年 3 月 27 日，佛罗伦丝·麦肯齐与埃里克·利迪尔在天津合众堂喜结连理。这对璧人的婚礼引得许多人前来观礼，津京两地的报纸皆以头版位置刊载了这场婚礼的相关信息。新婚燕尔，他们前往天津以西数里的北平短暂度蜜月，然后便返回埃里克精心布置的公寓开始了新生活。

弗洛兴致勃勃地张罗着新居的布置。她把埃里克多年前随手塞进箱子的奖杯奖牌统统翻出来，执意要挂在墙上或者放在壁炉架上展示。起初，埃里克很不习惯这些荣誉被公开展示。他生怕别人觉得自己是在炫耀。但看到弗洛为此骄傲的神情，他便也由她去了。

新居内充满了欢声笑语，但窗外战争的阴霾却日渐浓厚。没人知道未来将会发生何事，但大家心知肚明——过去的时光将一去不返。英国在中国的"黄金时代"即将落幕，中国正试图掌握自身的命运。但最重要的是，中国未来究竟何去何从？是由国民党执掌大局，还是让在广大农村地区根基日深的共产党主导政权？而虎视眈眈的日本又当如何应对？

天津当局已着手备战，下令全市男校悉数开展学生军训。埃里克对此深感忧虑，基督徒的学校竟要教孩子们杀人伤人之术，实在有悖教义。但校方别无选择，不得不遵从政令。不过也有好消息，军事训练反倒让新学书院的许多学生开始认真思考信仰的问题，校园内很快涌现出新的查经小组。这段肃穆的时光总让埃里克想起伦敦埃尔瑟姆学院的往事——当年的学长们也是这样整装待发，奔赴一战的战场。

　　尽管中国国内前途未卜，埃里克与弗洛的新婚第一年却转瞬即逝，甚至还迎来了一位新的家庭成员——长女帕特丽夏（Patricia）。第二年，次女希瑟（Heather）也出生了。弗洛总爱讲述希瑟这个名字的由来。身为苏格兰人的埃里克执意要用苏格兰山坡上盛开的紫色帚石楠花名做女儿的名字。但弗洛却不感兴趣，她更想用另一个名字。于是埃里克提议将两个名字写在纸片上抓阄决定，弗洛应允。只见他煞有介事地将两张纸条折好放进一顶帽子里，然后举着帽子请弗洛抽取。弗洛拿出其中一张展开一看，上面赫然写着"Heather"。弗洛正欲遵守约定，埃里克却突然大笑起来。他从帽中取出另一张纸条，原来上面也写着"Heather"！弗洛不禁哈哈大笑，既然丈夫如此执着，便遂了他的愿吧。

　　1936 年夏天，利迪尔夫妇俩本该尽享天伦之乐，却不得不认真考虑在中国的去留问题。弗洛带着女儿们前往北戴河避暑，而埃里克原计划八月与她们一同度假几周。但七月的时候，伦敦会华北区执行委员会突然要召见他——这个资助他全家生活的宣教机构正面临艰难抉择。会面期间，牧师和执事们向埃里克坦言了机构所处的困境。他们表示，当前的核心问题在于人员分布不均。现有的宣教士过度集中在相对安稳的大城市，生活也还算正常，而饱受战火摧残的农村地区却人手匮乏。英国伦敦会总部正向区委会施压，要求抽调天津的部分教师派往情况最严重的萧张县。

　　埃里克一边听着他们说的话，一边默默地点了点头。

　　"当然，我们首先想到的就是你。"总干事说道。"我们知道你小时候在萧张生活过，你哥哥罗伯特还是我们驻当地医院的医生，而你又是正式按立的牧师，所以你去那里向村民传福音最合适。"

　　"但有一件事很棘手，"另一位执事插话。"平原地区实在不适合携带家眷。那里的环境极其恶劣，到处都在打仗，局势很混乱，根本分不清谁占上风、谁站在哪一边。村民们已经对国民党失望透顶，觉得共产党或许更能帮到他们。那些军阀为了稳住自己的权力，就知道对老百姓下狠手。他们自个儿在内斗里杀得你死我活，根本没注意到小日本早就偷偷打过来了，他们的推进速度太快了！"

　　"确实，萧张那地方不太适合妇女孩子生活。"总干事附和道。

　　"唉，听说萧张的情况已经相当严重了，"埃里克点头应道。"我哥哥来信时提到过一些关于那里的情况。上周他在信中说有许多婴儿被送进医院，因为他们的母亲都死于战火。他说，护士们正尝试用豆浆喂养孩子们，可没有母乳多数孩子还是没能活下来。"

　　"看来你知道要面对的是什么，"另一位执事接过话头。"总之，我们认为你是去那里最合适的人选。但就像刚才所说的，那里不适合携带家眷。你最好把妻儿留在天津，然后定期回来探望。"

　　埃里克安静地坐着，一言不发。几周以来，新学书院的教师休息室里一直流传着类似的风声。尽管他已在此地教书十年，早料到可能会被差派，却万万没想到竟要与妻女分离。他一时语塞，竟不知该如何回应。

会议将近尾声时，总干事清了清嗓子说道："总之，你不必马上决定。最早也要等到下个学年结束我们才会派你过去。你先和你妻子谈谈，我们会在十月份打电话给你，听听你的最终决定。"

"谢谢体谅，"埃里克答道。"这件事关系重大，我需要祷告后与妻子商量。"

火车轰隆隆地驶近北戴河，埃里克仍在回想那场会议。他不知该如何向弗洛开口——区委会对他提出的要求。更重要的是，连他自己都不确定这个决定是否正确。这个暑假他需要好好思考，好好祷告寻求神的心意。

第十一章　李牧师

最终，埃里克下定了决心。他要去萧张，到那些因连年战乱而毫无指望的农民中间工作。在新学书院任教的许多同事以为，埃里克是迫于差会委员会的压力才做出这个决定。但弗洛心里很清楚，事实并非如此。她记得埃里克曾讲起过自己在奥运会上拒绝在主日参加比赛的故事。即便整个苏格兰似乎都在反对他主日不参赛的决定，他依然能坚守原则。埃里克说话温温和和，甚至还有点腼腆，但旁人的意见不可能让他行出违背良心之事，更无法阻止他践行自己认定的神圣呼召。

1937 年 12 月末，埃里克将行李搬上一艘河船。离别的时刻终于来了。他怀着沉重的心情与妻子弗洛以及两个女儿帕特里夏、希瑟紧紧相拥告别，然后登船。这艘船即将带他踏上为期十天的内陆之旅，前往萧张。他久久伫立在船尾挥手作别，直到岸边三个世上至爱之人的身影渐渐消失在视线中。

萧张的伦敦会大院与埃里克幼年随父母居住时几乎别无二致。当年他离开时不过五岁，可奇怪的是，这里的点点滴滴他都记忆犹新。望着那堵厚厚的院墙，他想起自己曾经沿着墙头走了一圈，眺望村子外无垠的田野。他还记得全家人曾经住过的屋子，以及屋子旁边父母允许孩子们养小羊的空地。院门上方依然悬挂着"中外一家"的牌匾，只是如今早已褪了色。这块匾还是三十五年前他父母初到此地时挂上去的。当时正值义和团运动的动荡岁月，许多中国人将自己所有的苦难都归咎于"洋鬼子"，而村民们挂起这块匾是想告诉詹姆斯夫妇，欢迎他们来这里。如今，一个比义和团更凶险的危机正威胁着萧张的宁静与和平。

埃里克开始熟悉大院里那些他不记得的地方或是后来新建的地方。他去探望了哥哥罗伯特，后者在有一百张床位的医院里工作。他还结识了与罗伯特共事的肯尼斯·麦考尔（Kenneth McAll）医生。经人引荐，他又见到了医院的护士长安妮·巴肯（Annie Buchan）这位来自苏格兰的同乡。

萧张周边的许多乡亲们仍然记得埃里克幼时在村里的情形。他们常对他讲起他父亲的故事，尊称后者为"李牧师"（"李"是利迪尔的中文简称）。如今，人们还用同样的称呼来唤埃里克。

伦敦会驻该地区的负责人向埃里克交代了他的新职责。任务说来简单，却危险重重。在华北平原上散布着上万个村子，而萧张正是所有村子宣教活动的中心。这些村庄大多处境艰难：过去六年间，村民们饱受天灾的肆虐。先是连年大旱，随后暴雨如注，最终洪水泛滥成灾。到了 1937 年，旱涝交加的恶性循环使得粮食收成不足常年的一半。即便没有战乱，当地百姓这些年也早已生计艰难，而战争的爆发更是让他们的境况雪上加霜。

由于村子数量极多，共产党、国民党和日军都没有足够的兵力同时占领这片区域。于是就会出现这样的循环：国军占领某个村子后，会搜刮所有能找到的粮食，强征青壮年入伍，杀害反抗者，凌辱妇女，并将任何疑似同情共产党或日军之人的房子付之一炬。几周后，他们便会厌倦离开，转而攻占其他村子。随后日本人进驻，对村子和村民如法炮制。对村民们而言，这就像一场永无止境的噩梦，因为他们只能眼睁睁看着灾难轮番上演，却无力改变自己的命运。

埃里克的工作是走访这片平原上的所有村子：鼓励那些信主的乡亲，并为从未听过福音的人举行小型布道会。这听起来很简单，做起来却步步惊心。为了让他更安全一点，红十字会给了他一条袖标，对外宣称他的身份是"医院会计"，而不是宣教士。然而，危险只是其一，更令人窒息的是绝望。任谁在这片辽阔的平原上来回奔波，都无法避开那些触目惊心的惨状。有时他还能为遇到的人做点什么，但更多时候等他赶到时已经回天乏术。

埃里克马不停蹄地开始了新工作。当时华北平原上有很多方言，因此他特意带上翻译王凤洲（音译）同行。出发前，他做的第一件事就是教会王凤洲骑自行车，这样两人就能比步行更快地穿梭于各村子之间。可怜的王凤洲学车时，面对的可不是平坦大道，而是布满弹坑的崎岖小路。因路面状况太差，师徒二人每天至少有一次因路面坑坑洼洼而从车上摔倒在坚硬的地面上。每次走访结束，埃里克身上总是青一块紫一块的，全是骑车摔的瘀伤。

有时，埃里克和王凤洲能一天之内骑车往返邻近村庄、传道、探访那里的信徒，然后赶回萧张。但若是去往更远的村落，他们就只能在当地借宿过夜。这时，他们往往和主人家一样，蜷缩在土屋的泥地上饿着肚子睡觉。寻常庄户人家连糊口都难，哪有余粮招待客人呢？

昏暗的油灯照在屋角的一台小织布机上。全家人彻夜轮班，将棉线织成粗布。既然庄稼歉收，织布便成了农户挣点小钱的唯一方法。因此，家里的织机必须昼夜不停地运转。咔嗒、咔嗒的机杼声就成了一家人每日挣扎求生的背景音。

埃里克与医院保持着密切合作。由于常年奔波在乡间，他总能预判来就医的乡亲可能来自哪些地区、会带着怎样的伤情。这些预判让医院得以未雨绸缪，更好地应对患者的救治需求。

在埃里克来之前，医院的医生们一直不愿救治日军或共产党伤兵。尽管国民政府正迅速失势，但仍是国际公认的中国合法政府，院方担心救治敌军部队会触怒国军。更何况，日本人曾迫害过基督徒。然而，埃里克的身体力行渐渐改变了医生们的态度。他对所有伤者一视同仁，不问阵营。许多医护都质问他说："日军残杀了那么多的中国人，你怎么还要救他们？"埃里克只是平静地回答说："在我眼中，每个生命都是神所爱的。"他的这种精神逐渐感染了整个医院的医护人员。很快，伦敦会医院里开始同时收治中国人与日本人、共产党与国民党的伤兵。在这里，伤者无论党派和国籍，都得到了同样的救治与关爱。

有时候，埃里克会奉命去"接"伤员，将对方护送到医院。当地百姓往往因为惧怕被敌军抓获处决而不敢运送伤者。

1938 年 2 月 19 日，医院接到消息，一名共产党伤兵正躺在三十多公里外一个村子的庙里。院方派埃里克前去接应，并将伤者带回医院接受治疗。一位村民主动请缨同行，因为他相信与埃里克结伴而行能逢凶化吉。

村民独自推着运伤员的板车先行出发。几小时后，埃里克骑着车追上了他。抵达裴林村（音译）时，埃里克问一位村子里的老人道："听说贵村收留了一名受伤的士兵？"

"是啊，"老人叹了一口气。"人就在庙里。虽说那儿阴冷潮湿，可咱们实在没别的法子。要是谁家收留了他，让日本人发现，全家老小可都得遭殃啊！"说着，老人无奈地耸了耸肩，言语间尽是乱世中人的无力感。

埃里克会意地点点头："这年头确实艰难。劳烦您带我去看看伤员吧！"

老人领着埃里克来到一座小庙前，在石阶下停住了脚步，随后指着台阶说："就在上头，每天有人给他送饭，还给了些稻草铺床。他在里头已经熬了五天。可日本人就在邻村，离这儿不过两三里地，咱们实在不敢多管，再管不就是找死吗？"

老人转身离去，埃里克独自拾级而上，进到庙里。昏暗的庙堂里，他隐约可见有一个人蜷缩在单薄的草席上，身上只盖着一条破毯子，哪能抵得住这数九寒天啊！埃里克走近那人，跪在对方身旁。那人猛然惊醒，满脸惊恐地用手遮住了眼睛。

"别……别杀我！"伤员哀求道。

埃里克柔声安慰对方并说明来意。由于天色已近黄昏，不便启程，埃里克便承诺明天一早一定来接他去医院。

那天夜里，埃里克躺在一位中国信徒家冰冷的地铺上辗转难眠。他在想，如果明天在运送伤员的路上遭遇日本人，该如何解释？他索性掏出随身携带的中文新约圣经，就着窗棂透进的月光，正好翻到《路加福音》16 章 10 节："人在最小的事上忠心，在大事上也忠心。"刹那间，他内心豁然开朗——既然护送伤员到医院是忠于神的托付，那么神必会看顾这趟行程。

第二天清晨，埃里克的中国同工推着板车到达庙前。这里已与昨天夜里的死寂景象截然不同。此时正值农历新年，村民们身着盛装，庙里香烟缭绕，诵祝之声不绝于耳，一派热闹非凡的景象！

埃里克快步冲上台阶，心中暗想村民们过节时会将伤员安置在什么地方，难道就让他躺在后院凛冽的寒风中吗？但他没费多大力气就找到了答案：伤员仍然蜷缩在原来的那堆稻草上，一动不动。祭拜的村民对其视若无睹，在他身边走来走去。空气中弥漫着燃着香的浓烟，呛得埃里克连连咳嗽，这哪是一个虚弱重伤之人该待的地方？埃里克当即喝令所有人拿着香炉退出庙外。乡亲们惊愕之下竟无人违抗，鱼贯而出。埃里克紧随其后。

村民们怔怔地望着这个操着当地方言、命令他们出庙的金发碧眼的男子。埃里克抬手示意众人安静。他先是解释说这样一个烟雾缭绕的环境对伤者呼吸的危害，然后引述了一句圣经经文说，神喜悦的不是献祭，而是行公义、好怜悯、存谦卑的心与他同行。"[1] 说罢，他示意同伴一同进庙，将伤员抬上板车。随后他骑车在旁边随行，以便随时查看伤员状况。

行至霍庄时，两个当地人突然拦住去路："等等！你们是运送伤员的人吗？"

埃里克点头称是。

"我们村里还有一个伤员，他快死了，能不能请你们也带他去医院？"两人恳求道。

埃里克立即跳下车："他怎么了？"

两人中的高个子村民急忙说道："是上周的事，日本人来村子里扫荡，抓了六个男人，说他们是奸细，逼他们跪在地上，然后挨个斩首示众。前五个人都顺从了，但第六个人宁死不跪。日本兵挥刀砍了那人的脖子，他当场倒地。所以日本人以为他已经断气了。等日本人走后，我们发现他还有一口气，只是伤势很重。我们把他藏在一间屋子里，实在是没什么办法。你能救救他吗？"

埃里克看了看板车，它的大小只够躺下一个成年人。但眼前这个伤员显然不太可能等着埃里克先送其他伤员去医院、隔天再回来接他去医院。

"好吧，我们尽力而为。带我们去看看吧。"他终于说道。

这是两天时间里埃里克又一次站在昏暗的房间里面对一个重伤的男人。那人约莫四十岁左右，体格健壮。一条沾满干涸血渍的脏绷带缠绕着他的脖子和下半张脸。男人无法说话，但

---

[1]　引自旧约《弥迦书》6章8节，译者注。

他紧紧盯着着埃里克的一举一动。

埃里克小心地解开绷带，一道暗红色的伤口从男人嘴角一直延伸到脖子后面。他轻轻将绷带重新裹好。这人显然需要送医，但运送的过程对他来说绝不会轻松。

埃里克低声对伤者说："我们可以送你去医院。但眼下只有一辆小板车，勉强够躺一个人。车上已经有一个伤员了。我们可以载你，但你只能坐在车辕上。你能撑得住吗？"

男人摆了摆手表示同意，挣扎着要从床上起身。埃里克架住他的胳膊，小心地搀着他往外走。接下来的路途崎岖不平，他们要穿越弹坑密布的道路。但埃里克明白，送医是车上这两个伤者的唯一生机。

正常返回萧张县需要三小时的路程，但此刻这条路仿佛没有尽头似的。埃里克和同伴不得不频频停下来，调整车上两位伤者的姿势。日军的轰炸机在不到两公里外的空中盘旋，显然是在为随后到村庄扫荡的步兵提供掩护。埃里克清楚，飞行员随时都有可能发现他们这支运送伤员的队伍。所幸这一慈善使命并未被发现。当冬日的太阳开始西沉时，他们终于在下午四点抵达了医院。

医院的医护人员早已做好一切手术准备。两天后，尽管医生全力抢救，但埃里克从庙救回的那名共产党伤员还是不治身亡。但那个差点被斩首的伤者经过伤口的缝合，竟渐渐痊愈了。埃里克经常去病房探望他，这才发现此人原来是个画家。他向护士讨来颜料和画纸送给画家。在接下来的几周里，画家画了许多漂亮的花卉，执意要将这些画送给埃里克，这是他唯一能向救命恩人表示感谢的方式。

　　埃里克虽庆幸救回了一条性命，但他也有几分怅惘。尽管他帮助挽救了一个人，可在这片广袤的华北平原上，每日仍有无数人死于战火与苦难。他渴望能做更多，盼望一切都能好起来。然而，中国的苦难远未到头，黎明前的黑暗才最是难熬。

第十二章 千里运煤

日本人逐渐在华北平原上占据了上风。他们对伦敦会医院的医务工作尚存几分顾忌，但也仅此而已。就在埃里克救回那个遭斩首的男人后不久，一天深夜，医院的男病房里突然爆发了一场巨大的骚乱。埃里克从睡梦中惊醒，立即跳下床，匆匆将外衣套在睡衣外面，冲出去查看情况。当他赶到病房时，迎面碰上了面色阴沉的麦考尔医生。

"出什么事了？"他问道。

"有消息说，共产党带走了一名正在接受治疗的日军伤员，就是那个腿部中弹的士兵。"麦考尔医生说。

埃里克低声问道："什么时候的事？"

"差不多五分钟以前，可把夜班护士吓得不轻。他们像拖米袋似的就把人拖走了，真不该把医院当战场。"麦考尔医生边说边摇头叹气。

"不知道日本人发现自己的同伙被俘会有何反应。"埃里克若有所思道。

仿佛是在回应他的问题一样，一梭机枪子弹突然间扫射在医院的外墙上，迫击炮弹的尖啸声接踵而至。埃里克和麦克尔医生面面相觑，难以置信地瞪大了眼睛。

"一定是日本人！"埃里克脱口而出。"他们肯定认为共产党还在医院里的某个地方。"

麦考尔医生一个急转身冲向门口，扭头对埃里克喊道："我去找他们交涉，让指挥官知道这是个误会！你留下负责照看病人，尽量把窗边的伤员都转移走！"

十分钟后，袭击就像开始时那样骤然停止了，这令埃里克长舒了一口气。又过了几分钟，麦考尔医生面带微笑地踱回医院。"这边都没事吧？"他看向埃里克问道。

埃里克点点头："伤员都好，就是有几个受了惊吓。指挥官那边怎么说？"

"说来真是奇怪。我们出去查看一下受损情况，我边走边告诉你。"医生压低声音说。

关好门后，麦考尔医生讲述了自己的经历。他被带到院子外的一间小屋里，一名日本陆军上校正躺在长椅上。

"起初他甚至不愿转过头来看我一眼，于是我就用中文跟他搭话，想引起他的注意。但对方没反应，我又改用洋泾浜英语。[1]他听我说了一两分钟，之后突然从长椅上跳起来，用日语吼了几句。带我进来的两个卫兵慌忙退出去，顺手带上了门。这时上校转过身来，用地道的美式英语对我说：'省省吧，老兄！'"

"'你会说英语？'我问道。他点点头，垂下脑袋。他对我

<hr>

[1] 一种简化的英语，通常用于非英语国家的人之间进行基本沟通，译者注。

说，他父母都是日本人，但他自己是在加州出生长大。虽然生在美国，但他却选择来中国帮日军打仗。可他过得很痛苦，他说：'我现在只会杀人，我真不知道该怎么摆脱这烂摊子！'"

埃里克疲惫地摇了摇头，说道："这场战争困住了太多人，参战双方都一样。真希望这一切快点结束。"

然而战争远未结束。随着更多的城市相继沦陷，日军的势力范围正在日益扩张。弗洛定期来信，带来的却尽是坏消息。尽管当地政府竭力周旋，天津最终还是彻底落入日军的魔爪。日本人严密管控着舆论与政经命脉：报纸内容需经审查方能刊印，铁路等交通要道乃至邮政系统皆被其牢牢掌控。更可怕的是，为了筹措军费，日军竟向中国大肆倾销海洛因。这种极易上瘾的毒品已在天津等城市荼毒了无数百姓。

尽管天津局势动荡，但埃里克仍不断安慰自己，弗洛和女儿们留在那里总比跟着他在萧张县安全得多。

1939 年 1 月，医院陷入危机。那年冬天格外寒冷，医院全靠燃煤热水炉供暖。而驻留在周边农村的日军却盗走了医院储备的煤炭。华北平原的隆冬时节，没有暖气医院根本撑不了多久。必须立即采取措施，以应对眼下的困境。

埃里克主动请缨回天津的伦敦会总部筹措资金，重新购置煤炭以解燃眉之急。他深知此行凶多吉少，沿途需要穿越不同势力范围控制的地区。其中一段必经之路被共产党控制，而该地区两侧的铁路沿线却尽是日军的势力范围。

埃里克周一清晨启程，几乎是出门就遇到了麻烦。一队日本兵拦住了他，厉声质问这个外国人大冬天在中国农村四处游荡要做什么。埃里克表明身份后，士兵们哄然大笑，命令他脱下鞋子和外套接受检查。他们没找到什么可疑的物品，最终放他走了。可同样的情况很快又再次上演，但这次盘查他的是共产党的士兵。在抵达天津前，埃里克又接连被几支不同的巡逻队拦截搜查。他开始发愁，返回萧张时要带着一大笔钱款，那么第一批搜查的士兵肯定会把钱抢走。

经过几天的火车、板车、渡轮旅行，埃里克几经辗转，终于抵达六百五十公里开外的天津。安顿妥当后，他立刻赶去与弗洛和孩子们团聚。这场重逢令人动容，毕竟他们已有八个月未见面了。四岁的帕特丽夏骄傲地向父亲展示自己学会写名字了，三岁的希瑟则把在主日学学的歌谣唱了个遍。重享天伦之乐让埃里克倍感幸福。

第二天，埃里克前往伦敦会总部汇报医院的情况以及购煤需求。负责人却提出一个更周全的方案：与其带着钱回萧张购煤，不如南下去德州采购，然后再雇艘驳船经运河漕运北上。这样既能用同等资金购置更多的煤，又可避开陆路的盘查。

埃里克与家人共度了两日时光。起初希瑟还有些羞怯，但很快便"爸爸、爸爸"地叫个不停，依偎在他的膝头撒娇。临别时分，埃里克心如刀绞，但他别无选择。医院如果没有煤炭供暖，不知会有多少病人将会熬不过这个寒冬。

埃里克的返程起初还算顺利。渡船一路平安抵达德州，他不仅购得了足够的煤炭，还剩了一些钱。雇来的船载满煤块后，他便随船驶向内陆河道。然而沿岸已被各路军队占领，每经过一处防区都要缴纳过路费。剩余的钱就这样在一次次交费中快速耗尽。更糟糕的是，在驳船上的第一天晚上，一半的煤炭竟不翼而飞！原来强盗竟然趁他熟睡时悄悄劫走了大半。埃里克虽然十分沮丧却未放弃。谁知第二天强盗竟然卷土重来，这次他们直接持枪逼着埃里克，又将剩余的煤炭洗劫一空。临走时，强盗连他最后一点盘缠也搜刮殆尽。身无分文的埃里克别无选择，只得弃船上岸，再度折返天津另谋他法。

这次，埃里克决定不再尝试运煤。与其冒险运煤再遭劫掠，不如先带钱回医院再少量购煤。他还想了个防止抢劫的妙招——把钱藏在一根挖空的法棍面包里，然后若无其事地将面包随意插在背包口。旅途起初风平浪静，直到距萧张约 113 公里处时，埃里克乘坐的火车突然剧烈震动后停了下来。他和乘客们纷纷下车查看情况。众人都希望平安无事，毕竟外面正在下大雪，谁都不愿意耽搁太久。天寒地冻，鹅毛大雪模糊了视线。正当埃里克跺着脚取暖时，坏消息还是传来了：一些农民为了抗击日本侵略者，破坏了铁轨。他们掀翻了一大段铁轨，一列货运列车从断轨处冲出来，如废铁般堆叠在他们眼前。

很快，列车长证实了事故原因，并通知所有乘客：列车将退回到上一站等待铁轨修复，没人说得清还需要等多久。如果有乘客着急赶路，就只能沿着损毁的铁轨步行，到断轨的另一端等候反向驶来的列车。埃里克深知医院急需煤炭，当即背起插着法棍面包的背包，跟随其他十余名乘客走向枕木交错的铁道。

埃里克将羊毛大衣的领子高高拉起，裹住半张脸，在刺骨的寒风中艰难前行。雪片纷飞，挡住了他的眼睛，什么也看不清楚。他与同行的十多位乘客排成一队，踏着积雪中若隐若现的枕木走，在漫天风雪中跋涉了一程又一程。

艰难跋涉十公里后，他们终于走完了被损毁的铁轨段。但他们很快意识到，必须继续前行至下一站，因为如果在断轨尽头等车，那么来车很可能像之前那列货车一样脱轨翻车。众人只得继续前行，直至找到能让列车停靠的车站，这样就可以通知司机倒车回去。一行人又走了五公里，终于到了一个车站。天色渐暗，寒意愈浓。但这个车站完全不是埃里克想象的那样，它没有候车室可遮风挡雪，只有一块站牌和一个月台。

埃里克与同行的旅客瘫坐在月台上，蜷缩着挤作一团取暖。众人不断张望着铁轨的尽头，期盼着能看到有火车出现。他们苦苦守候了一夜，直到第二天中午才终于在白雪覆盖的乡村里听到了蒸汽机的隆隆声。

列车缓缓停靠在站台旁边。列车员惊讶地看到一群满身积雪、抱团取暖的旅客，但他对铁轨被毁的消息却毫不意外。前线部队需要补给，而破坏铁路阻断日军追击正是最有效的阻击手段。

埃里克踉跄着爬上火车，瘫坐在座位上。此刻他只想尽快回到医院好好睡上一觉。随着火车缓缓倒行，三个小时后，萧张车站终于到了。就这样，他不仅平安归来，而且还分文未少。出站后，他雇了辆黄包车直奔医院。

到了医院，埃里克从背包抽出那根法棍面包。他撕开面包的瞬间，一沓钞票掉了出来。清点完毕后，他郑重地将钱款交到院长手中。这场艰险的筹款之旅终究没有白费。

事实上，他的任务完成得相当出色，以致院方再次委以重任。两天后，埃里克又赶着骡车奔赴天津，这次的任务是为医院采购急需的医疗物资。

尽管前次旅途的疲惫尚未消失，但他内心却异常激动。一想到完成任务后，院长批准他可以带着弗洛和女儿们享受期盼已久的休假，埃里克恨不能立刻飞到天津。他终于可以亲口告诉弗洛这个好消息：远离战火纷扰，全家团聚一整年，这是多么美好的光景啊！

埃里克一面坐在骡车上颠簸前行，一面盘算着休假的计划。可他万万没想到，当他们一家四口踏上归途时，等待他们的并非远离战火的安宁，而是一场全新的战争，一场几乎让他们全家丧命的生死劫难。

第十三章　海上遇险

66 这世界难道到处都在打仗吗？"弗洛坐在加拿大多伦多她父母家的台阶上问她的丈夫。

埃里克搂住妻子的肩膀回答说："恐怕真是这样。"说罢，两人一同望向两个小女儿在外祖母的花园里嬉戏的身影。

埃里克深深地叹了口气。一家人刚抵达加拿大，便有噩耗传来。1939 年 9 月 3 日，英法对德宣战，于是第二次世界大战爆发。七天后，加拿大也卷入战局，对德宣战。午后的骄阳下，埃里克猛然惊觉，自己的一生竟然始终伴随着战争：出生时正值义和团运动，上高中时一战爆发，而婚后的大半岁月又深陷中日战争的泥潭。如今，欧洲烽烟再起。

好在加拿大暂无战火的威胁，于是埃里克决定让弗洛和女儿们在多伦多暂住几个月，自己则先行回到英国。他必须向伦敦会总部汇报在华工作的细节，并照例在各地教堂和俱乐部发表公开演讲。待这些事务结束后，弗洛将带着帕特丽夏和希瑟前往苏格兰与他会合。他们将有五个月的休整时间，同时陪伴埃里克的母亲、妹妹珍妮和弟弟欧内斯特。

一切都在按计划进行。赴伦敦前，埃里克先到爱丁堡探望母亲。九年未见，母子二人都觉得对方变了不少。埃里克震惊地发现，母亲已经白发苍苍，身形似乎也佝偻了许多。而母亲却为能亲眼见到儿子听他说说家事欣喜不已。尽管埃里克每周都写信给母亲，家长里短早已说尽，可当面絮叨的温情终究是笔墨难以企及的。母亲打趣地说埃里克的头顶越来越秃了，但这可能不是因为洗了太多热水澡的缘故，又觉得他比上次休假时沉默了许多。听完了埃里克在萧张的种种遭遇后，老人顿时明白了一切。生活在战火纷飞中最是熬人，毕竟她自己也经历过义和团运动的动荡岁月。

时间过得很快。埃里克一如既往地备受追捧，但前来听他演讲的苏格兰、英格兰和威尔士听众们，与九年前相比却多了几分凝重。当他讲述战争经历时，人们凝神静听，不断追问在敌占区的生活细节以及敌军的所作所为。埃里克尽可能如实回答。从这些提问中，他察觉到人们正试图从中国人的遭遇推测自己可能面临的未来。毕竟，谁也无法预料纳粹德国的元首希特勒的下一步行动。德军已横扫欧洲的大片领土，因此英国人不禁担心下一个沦陷的会不会是我们的家园？

1940 年 3 月，弗洛带着女儿们与埃里克团聚。他们在苏格兰度过了五个月的美好时光。利迪尔奶奶终于见到了两个孙女，于是整天乐此不疲地给她们念故事，为她们梳妆打扮。珍妮姑妈则带着侄女们挑选布料，为她们赶制回中国的新衣裳。

这期间，全家还参加了爱尔莎的婚礼。看着当年创办"埃里克·利迪尔官方粉丝会"的女学生如今已嫁作人妇，埃里克不禁感慨万千。

终于，全家回中国的日子到了。这是埃里克经历过的最痛苦的一次离别——母亲日渐苍老，他隐约感觉这或许将是永远的诀别；女儿们刚刚享受完大家庭的疼爱，谁也不知道下次归来时故土会变成何等模样。

埃里克一家计划先横渡大西洋至加拿大的新斯科舍，再乘火车到多伦多与弗洛的父母道别，继而横穿加拿大至西海岸，之后再换乘另一艘船跨越太平洋返回中国。但麻烦的是，如今英国既已对德宣战，因此所有悬挂英国国旗的船只在大西洋航行都危机四伏。德国潜艇奉命击沉所有英国船只，不论是海军潜艇还是民用商船。此前已有不少英国船只葬身海底。

鉴于横渡大西洋已经变得相当危险，盟军实施了两项重要的安全措施。其一，所有船只必须编队航行，即大批船只结伴同行，以便互相提防德国潜艇的动向，并从惨遭鱼雷袭击的船只上及时营救幸存者；其二，皇家海军战舰会全程护航船队，直至其驶离英国海岸两日航程之外，因为德军潜艇缺乏远航装备，所以多数时候只在近海两日航程内活动。

利迪尔一家抵达利物浦，登上了一艘小型客轮，这艘客轮将带领他们横渡大西洋。船上载有三百名乘客与船员。埃里克踏着舷梯登船时，仔细打量着这艘船。它虽然不起眼，但看起来适航性良好，或许正因为船身小巧，反而不易被德军潜艇的鱼雷击中。

这支由五十艘船只组成的船队经过一番协调，最终被编成五列纵队，每列十艘。利迪尔一家乘坐的船只位于中间纵队的后方。整支船队井然有序地穿过爱尔兰海，沿爱尔兰南岸航行，最终驶入浩瀚的大西洋。皇家海军战舰如同忠诚的卫士，始终在船队两侧护航。

第一天晚上，他们吃完晚饭坐在外面，对这种编队航行的新奇体验感慨不已。以往每次乘船渡海时都是在广阔的海洋上独自航行，有好几次他全程都未见其他船的踪影。但如今他放眼望去，数十艘船只环绕在身边，那情景就仿佛置身一座漂浮的城市中。

那天晚上，埃里克和弗洛刚刚安顿好女儿们入睡，就感觉到船身受到剧烈的撞击，随后整艘船不停晃动。埃里克嘱咐弗洛照看好孩子，自己则冲向甲板查看情况，其实他心里已猜到了七八分。甲板上挤满了惊慌失措的乘客，人人都在追问发生了什么。最后众人聚集在餐厅。大副前来向他们通报说，船长确认船只被鱼雷击中，但不知何故鱼雷并没有爆炸。虽然未造成船体损伤，但为防万一，全船已进入红色警戒状态。此刻整个船队正开始之字形航行。埃里克明白，这是船只规避潜艇攻击的一种战术。他急忙返回船舱，将这个消息告知弗洛。

之后的一切还算平静。但两天后的清晨，他们一觉醒来又听到了坏消息——船队末尾的一艘船只已在夜间被击沉。当天上午晚些时候，当皇家海军舰队完成大西洋海域的护航任务调头返回英国时，全船的人都陷入了沉默。此刻，四十九艘船只正独自航行在危机四伏的大海上。尽管如此，人们仍满怀希望地认为，他们已经驶离德国潜艇的作战半径。

船队在紧张不安的氛围中继续前行。海面波涛汹涌，众人都明白，这种情况下很难发现潜艇的踪迹。上午十一点左右，乘客与船员突然听见一声巨响。众人循声望去，只见一团黑烟正从海中升起。船长随即拉响警报器，甲板上所有人都明白这信号意味着什么。乘客们慌忙去拿救生衣，埃里克和弗洛也手忙脚乱地帮帕特丽夏和希瑟穿上救生衣。尽管船上备有儿童救生衣，但对两个小女孩来说还是太大了，以致她们必须将胳膊伸直才能勉强穿上。

半小时以后，乘客们已经有序地坐在救生艇前的甲板上，随时准备弃船逃生。整个船队正以之字形航线前进，试图甩开那艘德国潜艇，谁都没料到它的巡逻范围竟然到了这么远的地方。队尾那艘船已被击沉的消息很快就在乘客与船员间传开了。鱼雷很可能击中了船上的锅炉舱，整艘船在爆炸后不到两分钟就沉入海底，速度之快根本来不及施救。

乘客们在甲板上坐了三个小时后，船长才发出解除警报的信号。接着众人被准许进入餐厅用餐。埃里克才刚把希瑟放进高脚椅，刺耳的警报声又一次拉响了。有人高喊道，无线电通信员收到消息，又有一艘船被鱼雷击中了！所有人再度冲向救生艇。埃里克和弗洛竭力让孩子们保持冷静。由于对船上的一切及其日常安排完全陌生，小女孩们反倒觉得坐在甲板上没什么稀奇的。埃里克一面笑着逗弄帕特丽夏一面感慨，在这孩子看来，说不定觉得排排坐本就是乘船的固定环节呢！

此时埃里克突然意识到，船队这样结队前行，反倒比单独航行在茫茫大西洋上危险得多。船队的其他船长显然也意识到了这一点。于是下午三点左右，终于传来指令：船队解散编队，所有船只各自择路驶向加拿大。

利迪尔一家与其他乘客坐在一起，目送两天半以来那些一直相伴左右的船只渐行渐远。片刻之后，海面上便再也看不见其他船了。傍晚六点左右，众人仍然坐在甲板上。此时船上的无线电再度传来噩耗：船队中始终在他们左侧航行的那艘船已被鱼雷击中，正在沉没。听到消息时，弗洛猛然攥紧埃里克的手，夫妻二人心知肚明：照理说，方才遭袭击沉没的很可能应该是他们这艘船。

十分钟后，再度传来一个几乎相同的噩耗，又有一艘轮船遭鱼雷击中沉没。埃里克不禁开始担心他们全家是否会葬身大海。船员争分夺秒，持续以最高速破浪航行。船长希望能摆脱最后一艘潜艇，但也没有十足的把握。当天夜里，所有乘客被要求穿上衣服，系好救生衣，在甲板过夜。每人仅获准几分钟时间跑到下面的船舱里取毛毯和枕头。这是个漫长的夜晚。海面依然波涛汹涌，船继续保持着之字形的航线，在风浪中不住地左右摇摆。

第二天清晨，海面恢复了平静，众人稍觉安心。船只早已驶离了潜艇的作战半径，此刻能威胁到它的唯有远洋大型潜艇，但这类潜艇通常不会巡弋到如此偏北的大西洋海域。

三天后正值加拿大的感恩节。那天早上，船长特邀埃里克主持一个特别主日聚会。全船人都述说了很多需要感恩的事。船只依旧破浪前行，而且距目的地已经不远了。

也正是在这个早上，帕特丽夏和希瑟醒来时脸上长满了红疹。她们感染了麻疹。这对利迪尔一家意味着更多麻烦，因为根据规定，从外国入境加拿大的病患必须接受隔离。当船终于停靠在新斯科舍省时，全家人被直接送往红十字会中心，而非如期前往弗洛的父母家。但中心缺乏床上用品，所以一家人不得不再次和衣而眠。第二天一早隔离解除，他们才获准前往多伦多。

利迪尔夫妇在多伦多市短暂地拜访了弗洛的父母。他们本想多待一段时间，但十月下旬前必须返回中国。麦肯齐夫妇并没有劝阻女儿女婿重返中国，却无时无刻不在担心他们的安危。老两口从仍然在中国宣教的友人处得知，那片土地正变得越来越危险。

第十四章　敌侨

1940 年 10 月底，埃里克重新回到萧张。这座小村子已经不再是一年前他离开时的模样了。如今整个村子外围绕着一堵高墙，有守卫日夜不停地巡逻。日本人决心全面控制萧张，将其变为屯兵重镇及该地区道路建设工程的指挥中心。

在此之前，华北平原连接各村镇的道路狭窄曲折，而且没有铺设路面，在农田与祖先的坟墓之间蜿蜒前行。对平原人家而言，祖坟具有相当重要的意义。人们始终精心守护着自家的祖坟，然而日军一来就决定在平原上修建笔直的马路，目的是加快部队调遣和物资补给的速度。这些新式道路必须足够宽也足够平，能满足机动车通行的要求，而非只是传统的骡马大车。日军妄图凭借机动车与坦克赢得战争。萧张县所有身体健康的男女老幼都被强征修建马路，他们徒手挖掘泥土、搬运大石。这项工作不仅异常繁重，更让村民心碎不已。当日军守卫聚在一起打牌说笑时，中国劳工们却被迫挥起铁镐劈开他们生命中最神圣的存在——自家的祖坟。

听闻日军的暴行，埃里克愤怒不已。但他庆幸自己选择了回来。此时的中国人民比以往任何时候都需要一些好消息。无论如何，他们必须在残酷与仇恨的夹缝中找到生命的意义。埃里克深知，唯有福音的真理能赋予他们这种意义。

不过，有些事情还是一如既往：新婚夫妇如期完婚，新生儿呱呱坠地，葬礼照常举行。回中国后不久，埃里克受邀到邻村参加熟人的喜事。全程都很顺利，客人们完全没有注意到一两公里以外的大炮轰击声。这幸福的几个小时让人们暂时忘记了外面的世界。

埃里克原计划在婚礼结束后的当夜返回萧张，但他听说附近有军队正在大规模出动，便决定在当地过夜。第二天清晨，他蹬上自行车准备回家，一位同赴婚礼的朋友与他结伴而行。就在距萧张还有一半路程时，埃里克突然听见子弹嗖嗖掠过身边。他立即猛捏刹车，并大声叫朋友停车。两人飞身跃下自行车的瞬间，更多的子弹呼啸着擦身而过。突然间，枪林弹雨戛然而止。随即埃里克二人听见道路两旁的草丛中窸窣作响，几名中国男子讪讪地从草丛中爬出来，连声向埃里克二人道歉。原来他们误将骑自行车的两人认作日本人。当埃里克他们跳车时，中国士兵才看清来人的西洋面孔，急忙停止射击。接受对方的道歉后，两人继续骑车前行。埃里克一面骑车，一面想着刚才发生的事。生逢乱世，没有人能保全自己。参加婚礼后骑车回家这种寻常事居然也能招致杀身之祸。唯一值得庆幸的是，这些人的枪法实在拙劣！

埃里克常常写信给在天津的弗洛。在信中他试图详细说明萧张县发生的剧变，而且他认为宣教工作正变得前所未有的重要："我现在去了西南地区，到以往未曾到达的地方。每次外出我都

一直在给人 、给人、给人，努力结识更多的村民，试图在外在环境根本没有平安的情况下给他们带去慰藉和平安的福音。”他在给弗洛的信中这样写道。

随着道路修建工程接近尾声，日军的暴行愈发无法无天。军官们似乎也不再关心军队的军纪问题。常有醉醺醺的日本兵跟跟跄跄地冲进医院，挥舞着寒光凛冽的腰刀骚扰病患与护士。萧张周边的许多村庄被炸成废墟，不断有伤者被送进医院。有太多的人需要救治，于是埃里克也被征调到医院承担护理工作。他学会了煮沸手术器械进行消毒，更像专家一样熟练更换绷带。医院工作令他感到很充实，这让他能时常与病患分享信仰，但其中也暗藏危险。

一天，护士长安妮·巴肯走进手术室找医生，却见一名日军正用警棍击打医生的头部，将对方逼到墙角。安妮不假思索地冲上前喝道：“我要找这位医生！”

日本兵被这位身材矮小的白人女性突如其来的呵斥吓了一跳，后退了几步便摔门而去。于是，安妮赶忙为医生处理伤口。尽管此事算是“侥幸收场”，但随着周遭局势的持续恶化，包括埃里克在内的医护人员都开始担忧起长远安危的问题。

埃里克回到萧张五个月后，日军终于下令驱逐所有外国人。这所曾救治过包括日本兵在内的所有病患的医院不得不紧急撤离。宣教士们被要求必须在两周内离开，而且不得携带任何物品。移交医院钥匙时，宣教士们忧心忡忡：从今往后，这片土地上再没有医护人员了，那些伤病者会面临何种命运呢？显然日军绝不会将这里用作医院。事实上，这座建筑数月后便遭焚毁，彻底化为焦土。

伦敦会萧张站的同工们就此各奔东西。埃里克的哥哥罗伯特一家选择休推迟已久的述职假，其他人则分流至各地医院和诊所。还有些人如埃里克则前往天津。回到家后，他与弗洛进行了一次长谈。日军对欧洲人的敌意日趋明显，埃里克觉得妻女继续留在中国相当不安全，尤其是弗洛正怀着他们的第三个孩子。更有传闻称，日本人正考虑将所有外国人羁押于集中营，埃里克绝不愿妻子在这样的环境下分娩。起初弗洛不愿离开，但最终还是接受了丈夫的建议：带女儿们返回加拿大才是万全之策。待战争结束之后，她还可以返回中国。

护送妻女登上前往加拿大的轮船，或许是埃里克这一生做出的最痛苦的决定。他牵着五岁的帕特丽夏踏上舷梯，随后又把希瑟抱进舱房的上铺，女孩们时不时地冲他咧嘴笑。未等夫妻二人诉尽衷肠，船上的汽笛就响了——这是催促所有送行者离开轮船的讯号。舷梯即将收起，轮船启航在即。

埃里克坐在下铺，将帕特丽夏抱在膝上。他凝视着大女儿那双与自己如出一辙的湛蓝色眼眸，强忍泪水道："好了，翠西，我要你照顾好妈妈，帮她照看希瑟和即将出生的宝宝。"

帕特丽夏紧紧抱住父亲，勇敢地说道："好的，爸爸，我会一直照顾妈妈直到你回来。"

弗洛转过身去，唯恐孩子们看见她夺眶而出的泪水。

最后，一家人手牵着手再次来到甲板上。埃里克与妻子吻别。最后一次拥抱时，他在她耳畔轻声说道："爱神之人，永无诀别。"

弗洛强忍着泪水点点头。她明白自己必须坚强起来，既为了埃里克，也为了孩子们。

轮船渐行渐远，埃里克怀着沉重的心情返回天津。他确信送家人前往安全之地是正确的抉择，但离别实在令人心碎，这一去不知何时才能重逢。既然无法重返萧张，埃里克决定暂居新学书院的一位老师家中。于是他再次住进法租界，第一次到中国时他曾在这里与父母家人度过了无数的欢愉时光。

埃里克并没有回到学院教书。新学年早已开始，不需要额外配备教师。很长一段时间里，他第一次有了闲暇的时间，不用做什么特别的事，于是他决定完成自己酝酿已久的梦想。当时指导中国牧师有效带领教会的书籍稀缺，他打算编写一本简易的手册以提供实际的指导。于是他每天伏案疾书，开始撰写《门徒训练手册》（ *Manual of Christian Discipleship* ），同时他还在教会主日礼拜及各类聚会中讲道。

9 月间，正当埃里克潜心编写手册时，突然接到弗洛的电话，她已经诞下一名女婴。他多么渴望即刻就能抱抱妻子与新生儿莫琳·利迪尔啊！但他知道还不是时候。中国的局势正持续恶化，他身为宣教士，更要在这至暗时刻向民众传递一个关乎盼望与鼓励的重要信息。

1941 年 12 月对旅居中国的外国人来说简直是噩梦。12 月 7 日，日本海军出动三百五十架战机突袭夏威夷瓦胡岛的珍珠港，美太平洋舰队锚地遭遇重创。美军 8 艘战列舰中有 4 艘被击沉、4 艘受损，另有十余艘其他主要舰艇被击沉或损坏，近两千九百名美军官兵阵亡。同一天，日军又进犯了菲律宾、英属马来亚与香港。翌日，即 1941 年 12 月 8 日，美英正式对日宣战。

日本发动如此残酷的袭击震惊了全世界，但中国人却毫不意外，因为他们早已领教过日军企图控制东亚的狠戾手段。然而世界其他国家大多对中国的战事视若无睹，中日战争甚至被称为"被遗忘的战争"，因为外界对其关注寥寥。

珍珠港事件发生后，在华日军对外国人的敌意日趋明显，尤其是已被正式列为"敌侨"的英美人士。鉴于形势剧变，伦敦会要求所有宣教士集中安置。埃里克等七人奉命撤离法租界，迁入英租界。他受邀与霍华德 - 史密斯（Howard-Smith）一家同住。这次搬家可谓恰逢其时。几天之内，租界周边便架设起通电路障，日军持枪把守所有出入口，勒令所有外国人不得跨租界活动，禁止其进入天津城区，不得举行任何大型集会，甚至严禁任何十人以上的聚会。

这条禁止聚会的命令对埃里克构成严峻的挑战。他原本一直在英租界定期带领教会的主日聚会。那里聚居着外交官、纺织厂主、船长、教师与宣教士等各界人士。随着中国局势的恶化，这些人正为前途忧心忡忡，亟须精神慰藉，而埃里克在主日聚会的证道正是他们的心灵依托。如今，面对日军不断增长的敌意，众人比以往更需要安慰和信心，而埃里克却被告知不能再带领教会的主日聚会了，甚至无法再带领十人以上的聚会了。

埃里克思考了很久，终于想到一个办法。他决定继续准备每周的讲章，但不会在讲台上讲道，而是改为传阅讲章。他请另一位宣教士的妻子协助，邀请了九个人一起喝下午茶。宾客品茶时，女主人将埃里克的讲章发给每个人，然后大家一同研读讨论。随后这九个人再各自邀请九个新朋友到自己家喝下午茶，然后将讲章发给来客一同研读讨论。而这九个人又如法炮制，继续邀请朋友。就这样，没过多久，租界内的所有人都听到了本周的讲道，而且完全不违背日本当局禁止举行大型公开集会的命令。此法后来被人称为"下午茶聚会"。

霍华德-史密斯牧师夫妇十分喜欢与埃里克同住。在将近38摄氏度的酷暑天气，他教他们的女儿们打网球，陪她们玩板球，打桥牌三缺一时他还主动凑数。他向女孩们展示自己收藏的邮票，而当她们兴奋地想要集邮时，他又花数小时为她们整理集邮册。他似乎从不觉得什么事是麻烦。当租界的食物供应短缺，霍华德-史密斯夫人为采购面包犯难时，埃里克又自告奋勇每天清晨五点去面包店排队，确保全家人不致断粮。

史密斯牧师在给朋友的一封信中写道："我从未见埃里克动怒，从未听见他说过一句脏话或刻薄话。他一有机会就行善。"

1942年8月，埃里克渐渐觉得他在中国的工作已近尾声。他已经完成了手册的撰写，又困在英租界不得外出，于是深感自己留在中国已经没有多大意义了。日本人曾承诺说，1942年底前准许愿意回国的人离开租界。埃里克致信弗洛说明了情况，并询问她对自己赴加拿大继续做牧师的意见，在那片土地上传福音同样需要做大量艰苦的工作。弗洛在回信中非常赞同这个建议，并告诉丈夫帕特丽夏与希瑟已经上学了，十个月大的莫琳也慢慢长大了。家书令埃里克精神振奋，他迫不及待想要奔赴加拿大与家人团聚，开启新的生活。

八月拖到了九月，九月又拖到了十月。关于日本人何时准许外国人离开租界回国的谣言四起，却始终没有确切的消息。过了 1943 年元旦，还是没有什么消息。直至 1943 年 3 月 12 日中午，终于有消息传来，但结果却并非埃里克或其他人所期待的那样：所有英美"敌侨"须前往山东中部的潍县集中营报到，那里在天津东南六百五十公里左右。任何"敌侨"均不得离开中国回自己的国家。

敌侨获准有两周的时间准备拘留事宜。每人可提前向集中营运送三箱行李及一张床与床垫。埃里克一面把床搬上等候的日本卡车一面琢磨着，不知日后还能否见到这张床，抑或这根本就是日本人为掠夺军需物质而耍的伎俩。被羁押者仅允许携带两件行李到集中营。日军将英租界的人员分为三组，指定埃里克担任其中一组的领队。三组人员将分三天陆续被押送到集中营，埃里克所在的小组定于 3 月 30 日启程。

随着行期渐近，埃里克看着他的随身物品，思索着什么物品最适合带入集中营。那里会是什么样子呢？他应该做短期居住还是长期拘留的准备？多备一套衣物还是多带一盒罐头？带烧水壶还是百科全书？会被安置在集体宿舍还是单人牢房？他想得越多，对自己与其他敌侨的前途就越没有头绪。

第十五章　乐道院

1943 年 3 月 30 日晚七时半，英租界内的最后一批滞留人员聚集在守卫室附近。这三百多人衣冠楚楚，看上去就像一群有钱的游客去郊游。女士们大多裹着厚厚的貂皮大衣，脚踩时髦的高跟鞋，还戴着配套的珍珠项链与钻石耳环，大衣里面是剪裁精良的羊毛套装。而男士们则身着硬领衬衫配西装，打着条纹领带。他们每个人的行李都堆积如山，有成摞的沙滩椅、帽盒、装着银餐具的餐盒，甚至还有整套的高尔夫球具！

埃里克望着这番景象，不禁黯然失笑。显然众人对旅途终点的期待各有不同，从他们的衣着打扮和随身行囊便可见一斑。

等候期间，几个小孩子在人群中窜来窜去。有些胆小的孩子要么紧搂着破旧的泰迪熊，要么牢牢牵着母亲的手。有些胆大的孩子则在行李堆上爬来爬去。众人苦等了一小时之后，日军指挥官方才现身，厉声喝道："全体人员拿起行李，跟着那个卫兵去火车站！"

人群顿时一片哗然。难道真要他们自己扛上所有行李吗？到火车站有将近五公里的路程呢！

"他们怎么敢这样？"一位衣着考究的女士低声对丈夫抱怨

道。"告诉他我们想雇一个中国仆人帮着搬行李。"

而她丈夫摇头苦笑，随后沮丧地回答说："搬不动的只能扔掉了，埃塞尔。"

"立刻！"日本指挥官不顾人群的喧哗厉声喝道。"马上行动！快！快！"

埃里克拿起自己的两个包裹开始长途跋涉，心里不免有几分庆幸。他久居华北平原，亲身经历过战争的残酷：捱过饿，躲过枪子儿，在泥巴地上睡过觉。而身边大多数人从来没有经历过这样的事情，他们都过惯了养尊处优的殖民地生活。有仆人帮他们洗衣服、烧水沐浴、铺床做饭。司机送夫人赴桥牌会，接少爷千金去贵族学校。但凡觉着脏乱、烦琐、耗时的活计，自有中国佣人为挣几分钱抢着代劳。但这样的悠闲生活戛然而止，这些人要如何适应未来的崭新生活呢？埃里克不知道。

这群人蹒跚着最后一次穿过英租界的大门。埃里克回头看了一眼。道路两旁堆满了被遗弃的行李。事实上，但凡未提前运送到集中营的物品，无论是谁的，都必须扔掉。手工雕花的红木餐桌、流光溢彩的水晶吊灯、成套的猎枪收藏、满墙的皮面精装初版书籍，尽数被弃。要不了几天，他们家中就会被洗劫一空，所有财物将会流入黑市进行交易。

埃里克默默地向前走着。众人排成两队沿着街道前行，他身边的许多女士低声啜泣。许多中国老百姓站在道路两侧，见有外国人蹒跚经过时便微微鞠躬表示敬意。中国人的处境实属艰难。许多人憎恨租界，对洋人盘剥的行为愤怒不已。但英国人毕竟是中国抗击日军的盟友，至少在眼下这场战争中，双方是站在同一战线上的。

一行人耗时一小时方才到达车站。刚到站台，众人便被告知要等火车，火车将载他们奔赴六百五十公里开外的潍县集中营。

众人缄默良久，终于看到火车喷着浓烟驶入站台，它身后拖着一列三等车厢。待车停稳后，这群英国战俘便被驱赶进车厢里。空气污浊的车厢里人满为患，没有任何舒适可言。有人坐在行李箱上，有人则坐在笔直的木头硬座上。婴儿哭个不停，小孩子们则吵闹着要睡在床上、要吃饭。

埃里克蜷坐在过道的提包上，打量着同车厢的旅客。虽说都是英国人，都说英语，而且一同前往集中营，但他们的共同点仅此而已。这些人来自各行各业，分属不同的社会阶层，平素没有什么交集。但此刻他们却默默地并肩坐着，神色凝重地望着窗外笼罩在乡村上空的黑夜。火车在夜色中前行，埃里克暗自祷告说："神啊，求你帮助我在这些人中间为你发光。"

火车颠簸了十六个小时才抵达潍县。乘客们浑身僵硬，彻夜未眠，踉跄着爬下车，却被告知集中营尚在城外五公里处。人们开始窃窃私语。据以往曾到过潍县的人说，他们很可能要被羁押于城外的美国长老会的差会大院。

由于没有卡车把他们运送到集中营，人们又一次扛起行李赶路。埃里克一面走一面换手提着行李。最终，美国长老会差会的大门映入眼帘。传言竟然是真的，这里就是拘押他们的地方！埃里克一走到大门前，就看见门上挂了一块中文的牌匾。他边走边朗声翻译说："乐道院。"但那天晚上踏入这院子的人，可没有人觉得快乐！

进入大门后，日本守卫带着一行人穿过两栋建筑中间的小路，来到一小块开阔的空地上，空地尽头立着一个橄榄球门柱。待众人集结完毕，一名卫兵示意一个戴眼镜的黑发高个欧洲男子出列。这人走出队伍，转身面对人群，操着流利的英语说："欢迎来到潍县集中营。诸位肯定有不少疑问，好在我们最不缺的就是答疑时间。"他自嘲般地开着玩笑，却没有人附和。接着他继续说道："我要通知各位，包括你们在内，这里现在大概有一千八百人，来自北平、青岛，当然还有天津三个城市。我们会按居住地分配宿舍，营里有三个厨房，所以每个小组可以自己做饭，一起吃饭。现在请携家眷的站在右边，单身的站在左边，我们可以帮你找个房间，然后就可以吃晚饭了。"

埃里克拖着脚步走到左边。从某种程度上说，他真心羡慕那些站在右边的人，他们有亲人相伴左右，总能相互安慰扶持。但转念一想，他绝不愿自己的妻子和女儿陷此囹圄。

那人再一次提高嗓门盖过众人的喧哗："还有件事，厕所在你们右边的长排平房里，条件不是太好……"他的声音越来越低沉，似乎带着几分歉意。

埃里克与另外五个人被领到一栋宿舍楼。其中一人正是 A. P. 卡伦（A. P. Cullen），他曾是埃尔瑟姆学院的教师，当时埃里克还在那里读书，后来两人又同在新学书院教书。在去宿舍的途中，众人顺路看了一下公厕的情况。这一看却让埃里克唯恐避之不及。他在中国的日子已经不短了，各种厕所本已司空见惯，但当他打开门时，所看到的或者说闻到的，要比他以往见过的任何厕所都糟糕百倍。能看得出来，曾经的公厕是美国长老会差会的清洁工们最引以为豪的地方：所有蹲坑都锃亮如新，依照中国的惯例镶嵌于地下。每个蹲坑的上方都悬挂着一条抛光的铜链，拉动它时便可以冲水。但问题就在这里。公厕内的所有水管完全破裂，蹲坑早已堵死，排泄物已经溢出来了。厕所里的一个男子解释说，整个集中营既没有自来水，也没有管道工负责修缮，更没有中国佣人来清理污物。

那一刻，埃里克方才意识到前方道路极其艰巨。无论如何，这一千八百名与亲友故土隔绝的囚犯必须设法一同努力、共建社群。在这个特殊群体里，许多人将要做自己以往做梦都没有想过的工作——做饭、打扫厕所、打水、洗衣服。埃里克暗自叹了口气：对这群习惯了有中国佣人伺候的人而言，这种生活怕是前所未有的艰难。

埃里克在新宿舍里没有待太长时间。房间里空无一物，几天前他在天津搬上日本卡车的那张床铺也不见踪迹。他将背包推到墙角，又走了出去。那天晚上阴云密布，潮湿异常。当他走过其他宿舍的门口时，听见人们此起彼伏的咳嗽声。

高耸的院墙上设有探照灯，它发出的光束不断扫过集中营。当它扫过宿舍外的区域时，人们才看见一堆破旧的家具与弯曲的管道。显然日本人在将此地改为集中营前，已将院子彻底毁坏。

埃里克绕过一堆残破的家具，走到院子北边的围墙下。他打算量一量院子的大小。他长年练习跑步的经历让他能准确地用步幅测量距离。他盯着北墙的墙角，朝西边走去，边走边数："一、二、三……"直走到对面的拐角，刚好一百五十码（约

140 米）。接着他又沿着西墙向南走去，一共是二百码（约 183 米）。埃里克轻声吹了个口哨，整个院子只有一百五十码宽、二百码长，不过两个橄榄球场那么大，却足足塞了一千八百人。

埃里克心头一惊，这么多人住在这么狭小的地方，哪有什么隐私可言？他们还要挤在这集中营里多久呢？

埃里克正思忖间，卡伦忽然出现，抓住了他的胳膊："赶快去排队领饭，晚了就什么都没了！"他说着就将埃里克拉向亮灯的地方。很快，埃里克已跻在五百人的长队中。这一队人都是从天津来的，个个饥肠辘辘。在过去二十四小时里，只有那些从英租界随身自带食物的人才吃过东西，但埃里克不在此列。

队伍缓缓向前移动到一个拿着汤勺分汤的女人，她正从大桶里舀出稀汤盛入每个人的碗中。

"你从哪儿弄来的碗？"埃里克问排他前面的一个男子说。

"当然得自己准备。"对方一边回答，一边从肩上的包裹里掏出自己的碗。

埃里克与卡伦面面相觑，叹了口气：他们怎么没有早点注意到呢？眼下已经排了半小时的长队了。二人溜出队伍，迅速回到自己的房间。幸而两人的行李里都有盘子和银餐具。不过，其他人就没有这么幸运了。没带餐具的人只得四处借餐具才能就餐。这情境让埃里克陷入了沉思：自己虽然带了餐具，但还有什么重要的东西是他遗漏了的？

当他们重新回到队伍中时，队伍行进的速度已经快了许多。不过十分钟，埃里克便与卡伦背靠砖墙坐下，喝着汤，吃着大块面包。埃里克环视四周，倘若是在英租界的家中或是餐厅里，大多数英国人一定会拒绝食用这种东西，但如今他们别无选择。他们被关在集中营里，四周都是高墙和铁丝网。

晚饭后，埃里克与卡伦随众人各自进宿舍上床睡觉。大家因为坐火车的缘故早已精疲力竭，许多人前一天晚上几乎彻夜未眠。埃里克在坚硬的地板上和衣而卧，既然没有床可睡，换睡衣好像也多此一举。

第二天早上，埃里克比其他人早起了一小时，照常读经祷告。七点十五分整，集合号突然响起，距点名时间还有十五分钟。他添了件毛衣走出门去。这是一个天高气爽的早上，他想趁白天更多地了解集中营的情况。

埃里克第一天就了解到很多的信息。囚犯至少来自十五个国家，他们之间唯一的共同点就是日军不希望他们在中国自由活动。如埃里克所料，英美人士居多，此外还有意大利人、比利时人、荷兰人、印度人、巴勒斯坦人、俄罗斯人及古巴人等。有些人大半辈子都生活在中国，有些则是多年前移民到中国的商人的子女或孙辈。此外，还有一个夏威夷原住民与一个黑人组成的爵士二人组，以及随一支棒球队在中国巡演的两个古巴家庭。他们本来只打算在华待上几周，最终竟然被抓到了集中营，惊愕难言。那两家古巴人只会说西班牙语，因此没有人可以交流。

由此埃里克意识到，语言不通将是集中营里的一个主要问题，倘若人们听不懂指令，安排事务就会变得异常困难。他还得知，在集中营内，日本人基本上决定对他们采取放任不管的态度。不过日方明确表示，希望营犯自行处理杂务、管理内部事务。待到第一天结束时，埃里克已经明白这将是一项极其艰巨的任务。要如何激励人们工作，又如何保持他们的士气呢？他尤其担心当天看到的几百名儿童和青少年——一周周过去，他们能有什么可做的？错过的学业又该如何弥补？

然而只要埃里克一思考，那个无人能解却真正重要的问题就萦绕心头：他们究竟要在潍县集中营待多久？

当时没有人能预料到，他们将被拘禁长达两年零一个月，更不曾想到在这段岁月里，这群人会逐渐形成互助社群，学会为集中营内所有人的共同福祉而协作。他们当然也无法预见到那位四十三岁的运动员的命运——他将在营犯社群中成为最坚强、最甘愿奉献的工人之一。

第十六章　埃里克叔叔

一　周过去了，运送天津英国营犯的床铺及其他物品的卡车车队终于抵达潍县。埃里克原本对找回自己的床铺和行李箱早已不抱任何希望，因此当卡车驶过前门时，他着实吃了一惊。他动手组装好床架，将床垫铺好，又把那三只主要装着家居用品的行李箱塞进床底。

忙完这些，埃里克坐在床上，略带羡慕地望着同宿舍的一个男子正在组装一张双人床。这是多么奢侈啊！真是太有先见之明了！尽管对方当初并非有意这样预备。当初在天津时，日军前来征收床铺准备运往潍县集中营时，这人家里根本没有单人床，只能交出手头现有的床铺，恰巧是张双人床。如今在拥挤的集中营里，拥有一张双人床意味着他能将房间里的使用面积扩大一倍，夜晚就寝时也有了翻身的余地。埃里克暗想，早知如此，当初自己也该送张双人床来，而不是眼下坐着的这张单人床。不过他也没什么可抱怨的，比起过去三周一直睡着的硬地板，这张单人床实在舒服太多了！

此时，集中营里的人已在营内设立了九个主要部门：住宿、纪律、教育、劳动、工程、文娱、财务、总务与医疗。由于被拘留的宣教士中不乏护士和医生，因此在最初几天里，大家都全力协助医院重新运转起来。部分医疗设备尚且完好，但绝大多数已经严重损坏无法使用。几个初到集中营时就生病的人就成了这所新开放医院的第一批患者。然而一位阑尾炎患者却等不及手术室重新启用了，被送入集中营不过几天，日方就将他送往外部医院救治，但此人却在途中不治身亡。

埃里克同时在教育部和文娱部任职。最终他答应在两个部门各工作半天——这意味着其他人每天只需要工作三小时，而他却要工作六小时。

教学工作是最大的挑战。教师们没有粉笔和黑板，孩子们的纸张也寥寥无几，铅笔更是稀缺资源。他们不得不反复使用同一张纸——每天下课后擦净当天书写的所有内容，以便次日早晨能再次使用。埃里克和其他教师尤其为那些高中生们担忧，这些学生大多已接近上大学的年龄，原本计划不久后就要离开中国深造。集中营里既缺教材又无设备，要完成高中课程实在困难。老师们只能竭力弥补这种匮乏，但终究收效甚微。

埃里克的一名学生曾向他吐露心声，说自己梦想去英国攻读化学专业。埃里克便把帮助她实现梦想当作头等大事，竭尽所能地提供支持。他每晚伏案绘制出化学实验设备的示意图，还一一标注名称，并详细说明了这些仪器如何用于实验操作。尽管小姑娘在集中营里从未接触过一件真正的化学仪器，但埃里克的绘图如此精确，竟让她能在脑海中完整模拟整个实验过程。当她离开潍县集中营参加大学入学考试时，她的化学成绩相当优异，最终如愿被大学化学系录取。

集中营里的许多宣教士都隶属于英国宣教士戴德生（Hudson Taylor）在1865年创办的中国内地会（the China Inland Mission）。巧的是，潍坊集中营里最年长的囚犯正是戴德生的儿子赫伯特（Herbert Taylor）。这位白发苍苍的老人已经八十三岁高龄了，大家都亲切地称他为"老爷爷"。他与九十七名孤儿一同被押送至集中营。这些孩子多半是内地会宣教士的子女，此前曾在中国内地会芝罘寄宿学校（Chefoo School）就读。日本人占领学校后，所有学生都被押送至潍县集中营。有些孩子得知父母被关押在其他集中营，还有些孩子却收到了父母已死于战争的噩耗。无论如何，这九十七个孩子都迫切需要集中营内的大人们给予额外的关怀与爱护。

"埃里克叔叔"很快成为孩子们最喜爱的人。他将自己所有的闲暇时间都倾注在孩子们身上：不仅担任曲棍球比赛的裁判，而且在每场比赛后还把球棒带回宿舍修缮，以便次日的比赛使用。他从床底的一个行李箱里翻出了弗洛的餐厅窗帘，将布料撕成布条，缠绕在球棒上进行加固。此外，埃里克还创办了周五晚间青少年团契，组织方块舞、象棋比赛、木偶剧和知识竞赛等活动。

埃里克特别挂念集中营里的病患。虽然当时中国最优秀的外科医生和医师有不少都被关押在潍坊集中营，但他们缺乏治病所需的药品和设备。伤寒、疟疾和痢疾是集中营里的常见病。疫情最严重时，医院人满为患，医护人员最终不得不将两名传染性极强的伤寒患者安置在停尸房——一位是天主教修女，另一个是十二岁的小女孩。这个女孩是芝罘学校的一名孤儿，埃里克完全能想象出重病的她躺在停尸房里该是多么恐惧。尽管自己也可能感染伤寒，但他仍坚持每天下午去停尸房探望，用当天教室里发生的趣事来安慰她。修女不幸离世后，只剩下小女孩孤零零在那里苦苦挣扎。埃里克的探望给了她活下去的勇气，最终她奇迹般地痊愈了。女孩始终对埃里克给予的额外关怀感激不已。

埃里克很可能是整个集中营里最受欢迎的人。总有一群群孩子不断地经过宿舍门口寻找"埃里克叔叔"，连他的室友都不堪其扰。最后，一位室友做了个大大的告示牌挂在门外，上面写着"埃里克·利迪尔在 / 不在"，通过滑动遮挡片来显示实时状态——这是室友们能想到获得清净的唯一办法了！

集中营生活最难熬的地方是极度无聊——日复一日，周复一周，似乎没有任何变化。（这种单调最终导致一部分囚犯精神崩溃。）食物永远是主要的话题，尽管每天都是老样子。早餐是两片面包配一碗粥，没有黄油，没有牛奶；午餐被戏称为"S.O.S."（救命餐），意思是"老套菜"。这是一种灰乎乎的黏稠状混合物，用茄子和营区周边采摘的野菜剁碎制成。晚餐则是午餐的 S.O.S. 兑水做成汤。当然，这种做法连最小的孩子都骗不过，他们很快就发现吃的不过是中午的剩饭。

偶尔会有瑞士领事获准探视集中营，为囚犯们带来药品和红十字包裹。每到这时候，整个集中营都好像庆祝生日般欢天喜地。包裹里的食物从不会浪费分毫，就连装食物的容器也物尽其用。工程部收集了所有空罐头盒，将其改造成模具，再把煤屑放进模具里压制成小块煤砖，用于厨房炉灶和医院锅炉的燃料。值得一提的是，这个部门的成员多是曾主持建造过中国顶级建筑与桥梁的工程师。

红十字会还安排了书信往来服务，不过写信人必须遵守极其严格的规定。埃里克和其他人一样，领到一份固定格式的信纸：上方留有填写写信人和收信人的姓名地址的空白栏，下方是 5×5 的二十五个方格用于书写正文。每个格子严格限定只能写一个词，因此落笔前必须反复斟酌。信纸背面还有二十五个方格，供收信人回复之用。平均而言，信件送达收信人手中需要六个月，而回信又得再等六个月才能传回潍县集中营。

尽管是被迫关押，但包括埃里克在内的许多囚犯仍然竭尽所能，努力让这段囚禁岁月过得舒心些。人们自发组织起来，在闲暇时间为成年人开设了百余门课程——从拉丁语到交谊舞，从歌剧到代数。（有些课程显然更受欢迎！）。每个周末都有音乐会或戏剧演出，周日则有教会的主日礼拜：从清晨救世军乐团的赞美开始，直至傍晚天主教的弥撒结束。

集中营内的黑市交易也相当活跃。现金和物品被偷偷带出去，用来交换鸡蛋和水果。一群天主教特拉比斯特修会的修道士在其中发挥了重要作用。他们宽大的长袍很适合藏匿物品。这群修道士的领袖是澳大利亚人斯坎伦神父（Father Scanlan）。神父几乎每天晚上都会从围墙下的下水道收取鸡蛋。中国小孩们会爬进下水道将鸡蛋放在修道士能够得着的地方，而修道士拿到鸡蛋后便藏入袍子中。

一天夜里，计划败露了，斯坎伦神父被当场抓获。全营的人都在等着看他将受到何种惩罚。最终日军召开全体大会，通报对神父的处罚结果。日军指挥官当众宣布，斯坎伦神父因企图欺骗日方将受到严厉的惩罚——单独监禁两周。听到这话，人群立时爆发出震耳欲聋的笑声，女人们笑到眼泪横飞，男人们则笑得互相拍打着后背。

日军带走斯坎伦神父时，对众人的反应大惑不解。他们不知道，这位神父和他的特拉比斯特修会的修道士们在进入集中营前已经整整十五年不发一言。每位修道士入会时都立志要保持缄默！只因遭遇了被拘留的特殊情况，他们才暂时解禁。这些修道士早已习惯孤独与沉默，因此，将神父关两周禁闭对他根本不算什么惩罚，反倒像是让他恢复了来集中营前的生活方式。在那之后的几个月里，这场"惩罚"在整个集中营里被传为笑谈。可日本人怎么也想不明白，当初他们宣布对神父的处罚时为何那些外国囚犯们会哄堂大笑。

随着时间从数周延至数月，集中营里的各类比赛成了众人打发单调生活的重要方式。医疗部甚至发起了捕鼠比赛，纪录保持者是一位芝罘学校的老师和他的两名学生，他们曾创下单日捕捉六十八只老鼠的佳绩。抓苍蝇比赛更是热闹，埃里克查经班里的男孩子们发现，一堂课下来每人就能抓住五十多只苍蝇。当然，这里也经常有体育比赛，大部分是埃里克组织的。有板球和曲棍球比赛，还有棒球比赛，这些棒球比赛是由美国人组织的。出乎意料的是，特拉比斯特修会的修道士们竟组成了最出色的棒球队，赢得了大多数的比赛。

埃里克还组织了短跑比赛。集中营里的人都知道他得过奥运会短跑项目的金牌，而且大家都争相看他奔跑。然而，1944 年末的一次跑步比赛却让整个集中营的人都震惊不已。那是个凉爽的秋日，埃里克照常参加了比赛。他向来都会全力以赴，但在那天却输给了一名男学生。消息瞬间在集中营里传开了，埃里克·利迪尔竟然输了！他到底怎么了？

有人认为他可能是因为年纪大了而导致速度下滑，但他在萧张医院的朋友安妮护士长却觉得事情没那么简单。她注意到埃里克的体力不如从前，面色也异常苍白，便劝他减少一部分工作量。她觉得他是操劳过度，而事实恐怕真是这样。除了二十个月前分配的教学工作和组织体育活动的工作外，他还主动承担了第 23、24 区的舍监工作。这两个区住着二百三十名单身成人和儿童，舍监不仅要确保所有人准时参加点名，还要尽量让这群因长期挤住在一起而变得极其易怒的人群保持和睦。

起初听到安妮说自己过度劳累时，埃里克还一笑置之，但很快他的身体似乎也在频频发出过劳的警告。他开始频繁头痛，连闻到食物的气味都会恶心，常常在床上躺好几个小时，用一块湿布蒙着眼睛。当孩子们像往常一样来找埃里克叔叔当板球赛裁判或修补曲棍球棒时，却被告知他因病重而无法相助，大家全都愣在原地——这简直难以置信，毕竟埃里克叔叔向来都是帮助病人的人啊！

1944 年的圣诞节悄然而逝，埃里克感觉身体稍有好转，却始终未能完全康复。次年一月刚过完四十三岁生日，他病倒了，医生认为是流感，因为当时集中营里的许多人都得了流感。患病人数激增，部分原因是战争形势开始对日军不利。日方管理日渐混乱，加之资金物资匮乏，已难以维持外籍囚犯的基本生存与饮食供给。

到了 1945 年 2 月，集中营的大多数人已处于营养不良的状态。医生们不断尝试用新的方法获取维生素和矿物质，尤其是要为孩子们补充营养。此时没有任何东西会被浪费。由于饮食中严重缺钙，许多孩子牙齿上的牙釉质几乎磨损殆尽。为了改善这种情况，人们将蛋壳碾成粉末，强行喂给不愿配合的孩子们；花生壳也被磨碎当作面粉制成面包。这种面包趁热吃尚可消化，一旦放凉就变得像石头一样坚硬！

二月份，红十字包裹被送达集中营。大多数人狼吞虎咽吃完里面的食物后，几周以来第一次感到体力恢复，能够重新工作。但埃里克却是个例外，他似乎对美味的食物毫无兴趣。住院数周后，他突发轻微中风。医生们开始怀疑他的病情相当严重，却苦于没有医疗设备可以确诊。

中风后，埃里克感觉自己稍微好些了。医生允许他下床，在院子里走一会儿。第二天，他给弗洛写了封信，坦言自己此前劳累过度，医生建议他从事一些压力较小的工作。信中他向弗洛、帕特丽夏、希瑟和还没见过面的莫琳表达了思念之情。他慢慢地走到集中营邮局，寄出这封信，邮戳的日期定格在 1945 年 2 月 21 日。

当天傍晚，伦敦会一对宣教士夫妇的小女儿来探望埃里克。她坐在埃里克叔叔床边叽叽喳喳说个不停，突然间埃里克开始咳嗽不止。女孩吓坏了，冲进走廊寻找医护人员。安妮飞快地跑至老友身旁，紧紧握住他的手。埃里克抬眼望着她说："安妮，我完全降服了。"安妮瞬间明白了他的意思，他即将离世。不久后他陷入昏迷，当晚九点半左右，埃里克·利迪尔"降服"了，永远停止了呼吸。

第二天清晨，整个集中营笼罩了一层薄薄的初雪。当囚犯们集合进行晨间点名时，埃里克的死讯悄然传遍整个集中营。点名结束后，许多人仍三五成群地伫立雪中，他们震惊地甚至忘了进屋避寒。一连几天，整个集中营都沉浸在悲恸之中。

埃里克的葬礼于 1945 年 2 月 24 日周六举行，也就是他离世后的第三天。卡伦主持了追思礼拜。或许除了利迪尔的家人外，再没有人能比他更了解埃里克了，他们相识的时间也更长。他曾是伦敦埃尔瑟姆学院的教师，看着十岁的埃里克在那里求学成长。后来两人又共同在新学书院任教。弗洛携女儿们前往加拿大后，他们更是同住一室。许多年前，埃里克曾嘱托卡伦，希望能在自己的葬礼上唱《我灵镇静》（"Be Still My Soul"）。会众轻声吟唱赞美诗，学生们列成仪仗队，抬棺人扶着埃里克的灵柩缓缓从中穿过。

潍县集中营举行过约三十场葬礼，而埃里克的葬礼规模远超其他的逝者。似乎所有人都有特别的理由来缅怀这个非同寻常的人。

第十七章　一个非同寻常的人

两个月后的一天，弗洛正站在多伦多父母家的厨房里，这段时间她暂住于此。两位家族的朋友敲门来访，弗洛将他们迎进门。看到来人凝重的神情，她隐约意识到出事了。她一边用围裙擦干双手，一边暗自揣测着各种可能性。但她无论如何也不曾料到，这两位朋友带来的竟然是丈夫的死讯。

听到至亲之人的噩耗，弗洛浑身猛然颤抖，只觉好像有只手攥住她的胃狠狠拧绞。她瘫坐在椅子上，爆发出阵阵撕心裂肺的恸哭。她想从内心深处接受这一残酷的事实。怎么会这样呢？她最后一次见到埃里克时，他还是个健康的三十八岁男子，如今却听闻他死于日军集中营的事实，这实在令人难以置信！来访的朋友轻声解释说，潍坊的医生对埃里克的遗体进行了尸检，发现他左脑部位有一个巨大的肿瘤。听闻此言，弗洛稍感慰藉。身为护士的她明白，在 1945 年，即便是世界上最好的医院，面对这样的病症也回天乏术。

"苏格兰飞人陨落，终年四十三岁。"这行醒目的大号黑色印刷字体，让从爱丁堡到格拉斯哥街头读报的苏格兰男女无不驻足愕然。各大报纸竞相颂赞这位与世长辞的民族英雄。

《格拉斯哥晚报》（*Glasgow Evening News*）称："苏格兰失去了一位让她每时每刻都为之骄傲的儿子。"而《爱丁堡晚报》这样评价埃里克说："他是体坛最负盛名又备受敬仰的运动员之一，其对信仰的坚守赢得了世人最高的赞誉。"

全体苏格兰人都哀恸不已。恰如当初潍县集中营为埃里克的逝世集体致哀那样，这个国家的每座城市、每个村落都为他举行了追思会。

苏格兰成立了全国委员会，发起埃里克·利迪尔纪念基金会。募捐活动遍及橄榄球赛、田径比赛、校园游园会和教堂野餐会，善款迅速累积。人们无论贫富都渴望向这位令国人骄傲的英雄致敬。基金主要用于两项用途：一是资助弗洛抚养埃里克留下的三个女儿；二是设立以埃里克命名的年度奖项——"埃里克·利迪尔挑战杯"，用以表彰苏格兰学校田径锦标赛中的年度最佳运动员。

伦敦的埃尔瑟姆学院为校舍扩建了一座侧楼，并将其命名为利迪尔楼。

1945年8月17日，埃里克下葬六个月后，潍县集中营的囚犯们突然听到空中传来飞机的轰鸣声。孩子们最先冲出门外，很快炊事员、洗衣工乃至所有能走动的人都涌向空地。只见一架美国B-24轰炸机正低空飞过集中营。人们顿时欣喜若狂，挥舞着衬衫毛巾声嘶力竭地大声喊叫。当战机再次转向降低飞行高度时，地面上的人们清晰看见飞行员正向自己挥手，机身上"装甲天使"的字样在阳光下闪闪发光。

突然，战机向北急转拉升，作势欲飞。但紧接着舱门打开，七名伞兵纵身跃下。

囚犯们再也按捺不住，他们全然忘记了日本守卫的存在，如潮水般涌向了那扇囚禁了他们两年之久的厚重铁门。守卫在人群的冲击下步步后退，大门被轰然推开。人们冲向伞兵降落的地点，几分钟后便找到了这些美国大兵，将他们高举在肩上。在震天的欢呼和呐喊声中，人们抬着伞兵们胜利回营。所有人都知道，他们自由了！这意味着与家人故土重逢指日可待。

随后一个月，潍县集中营开始陆续关闭。首批撤离的是病患与老人，接着是无人照管的孩子，最后是家庭及单身男女。临行前，许多人特意前往墓地做最后的告别。在那里，一个简陋的木十字架下安息着一位令人永志不忘的挚友。

在那之后的许多年间，许多潍县集中营的亲历者都撰写了回忆录与报刊文章。尽管集中营里曾容纳近一千八百囚犯，但每份现存的关于那段经历的文字记载都必然提及埃里克·利迪尔。大卫·米切尔（David Michell）在回忆录《少年战争岁月》（*A Boy's War*）中，记录了埃里克叔叔如何为他们组织运动会；吉尔基·兰登（Gilkey Langdon）在《山东集中营》（*Shantung Compound: The Story of Men and Women Under Pressure*）中写道，埃里克是营内极少数被公认处事公正的人物；而在另一本书《乐道院》（*Courtyard of the Happy Way*）中，诺曼·克利夫（Norman Cliff）如此评价说："他是潍县最杰出的人物……年约四十，言语温和，脸上常常挂着微笑。埃里克是我有幸结识的最优秀的基督徒。"

最终，英国著名电影制作人大卫·普特南（David Puttnam）

爵士听说了这位影响无数人生命的谦逊苏格兰人的故事，最终拍摄了名为《烈火战车》（*Chariots of Fire*）的传记电影。该片于 1981 年荣获奥斯卡最佳影片奖。

倘若埃里克知道有人要为自己拍电影，他大概会一笑了之——因为他从不觉得自己有什么特别的，只不过是个力求荣神益人的平信徒。但正是这两个朴素的心愿，最终使他成为全世界无数人心中非同寻常的存在。

参考书目

Cliff, Norman. *Courtyard of the Happy Way*. Arthur James Ltd., 1977.

Magnusson, Sally. *The Flying Scotsman*. Quartet Books, 1981.

Mitchell, David A. *A Boy's War*. OMF Press, 1988.

Swift, Catherine. *Eric Liddell*. Bethany House Publishers, 1990.

Thomson, D. P. *Scotland's Greatest Athlete*. The Research Unit, Crieff, Perthshire, 1970.

Wilson, Julian. *Complete Surrender*. Monarch, 1996.

本奇夫妇的更多作品待出版……

更多充满冒险的传记佳作，适合全年龄段读者！

Gladys Aylward: The Adventure of a Lifetime（暂定名：《艾伟德：一生的冒险》）

Nate Saint: On a Wing and a Prayer（暂定名：《盛南特：一线生机》）

Hudson Taylor: Deep in the Heart of China（暂定名：《戴德生：深入华夏腹地》）

Amy Carmichael: Rescuer of Precious Gems（暂定名：《贾艾梅：珍宝的守护者》）

Corrie ten Boom: Keeper of the Angels' Den（暂定名：《彭柯丽：庇护所的守护天使》）

William Carey: Obliged to Go（暂定名：《威廉·克理：义无反顾》）

George Müller: Guardian of Bristol's Orphans（暂定名：《乔治·慕勒：布里斯托尔孤儿的守护者》）

Jim Elliot: One Great Purpose（暂定名：《吉姆·艾略特：毕生之志》）

Mary Slessor: Forward into Calabar（暂定名：《司马莉：勇闯卡拉巴》）

David Livingstone: Africa's Trailblazer（暂定名：《大卫·李文斯

顿：非洲拓路先驱》）

Betty Greene: Wings to Serve（暂定名:《贝蒂·格林：侍奉之翼》）

Adoniram Judson: Bound for Burma（暂定名:《耶德逊：勇赴缅甸》）

Cameron Townsend: Good News in Every Language（暂定名:《金纶·汤逊：佳音遍传万邦》）

Jonathan Goforth: An Open Door in China（暂定名:《古约翰：叩开中国之门》）

……